Otto Speck

Dilemma Inklusion

Wie Schule allen Kindern
gerecht werden kann

Ernst Reinhardt Verlag München

Prof. em. Dr. *Otto Speck* lehrte Sonderpädagogik an der Ludwig-Maximilians-Universität München.

Außerdem von Otto Speck im Ernst Reinhardt Verlag lieferbar:
Menschen mit geistiger Behinderung
(13., aktual. Auflage 2018, ISBN 978-3-497-02832-0)
Schulische Inklusion aus heilpädagogischer Sicht
(2., durchges. Auflage 2011, ISBN 978-3-497-02229-8)
Hirnforschung und Erziehung
(2., durchges. Auflage 2009, ISBN 978-3-497-02081-2)
System Heilpädagogik
(6., überarb. Aufl. 2008, ISBN 978-3-497-01998-4)

Bibliografische Information der Deutschen Nationalbibliothek
Die Deutsche Nationalbibliothek verzeichnet diese Publikation in der Deutschen Nationalbibliografie; detaillierte bibliografische Daten sind im Internet über <http://dnb.d-nb.de> abrufbar.
ISBN 978-3-497-02891-7 (Print)
ISBN 978-3-497-61257-4 (E-Book PDF)
ISBN: 978-3-497-61258-1 (EPUB)

© 2019 by Ernst Reinhardt, GmbH & Co KG, Verlag, München

Printed in EU
Cover unter Verwendung eines Fotos von © BillionPhotos.com/Fotolia
Satz: JÖRG KALIES – Satz, Layout, Grafik & Druck, Unterumbach

Ernst Reinhardt Verlag, Kemnatenstr. 46, D-80639 München
Net: www.reinhardt-verlag.de E-Mail: info@reinhardt-verlag.de

Inhalt

Vorwort

Vor zehn Jahren, am 26. März 2009, trat die UN-Behindertenrechtskonvention in Deutschland in Kraft, in Österreich am 26. Oktober
2008, in der Schweiz am 15. Mai 2014. Die UN-BRK legte die pro-
grammatischen und rechtlichen Grundlagen für eine umfassende
Umwandlung des Bildungswesens im Sinne der Verwirklichung der
Idee der „Inklusion" von Menschen mit Behinderungen.

Von Anfang an fand die Idee der Inklusion von Menschen mit
Behinderung eine hohe Zustimmung. Dabei unterschieden sich aber
die Realisierungsbedingungen und die Zielvorstellungen in den verschiedenen Ländern. Da die Einführung des neuen Models außerdem übereilt erfolgte, waren Unzulänglichkeiten der Realisierung
nicht zu vermeiden.

Nach zehn Jahren Erprobung ist es angebracht, eine Zwischenbilanz zu ziehen, um aus Fehlern zu lernen und Verbesserungen
einleiten zu können. So üblich und nützlich eine solche Rückschau
bei einem neuen Schulmodell sein mag, beim Thema „Inklusion"
scheinen die Dinge komplizierter zu sein. Erstens handelt es sich
um ein komplexes neues Schulmodell, das auf einen grundlegenden
Umbau des gesamten Bildungssystems hinausläuft, und zweitens ist
die Diskussion um dieses Thema sehr stark emotionalisiert, so dass
sie weithin in Konfrontationen erstarrt ist, die sich nicht so leicht
überbrücken lassen.

Mein Buch „Schulische Inklusion aus heilpädagogischer Sicht"
hatte zwar zwei Auflagen erreicht (2010/2011), hatte aber ansonsten in der öffentlichen Auseinandersetzung so gut wie keine Rolle
gespielt. Zu unversöhnlich war der Ton der Diskussion geworden.
Ein Dialog schien nicht in Frage zu kommen. Dass ich es mit diesem Buch dann doch noch einmal versuchen wollte, hatte damit zu
tun, dass ich im Sommer 2018 in einer großen Tageszeitung zum
wiederholten Male lesen musste, was seit zehn Jahren unwiderspro-

chen öffentlich behauptet wurde, dass nämlich nur der gemeinsame Unterricht behinderter und nicht behinderter Kinder dem *Menschenrecht auf Inklusion* entspräche. Da diese These inzwischen zu einem unschlagbaren Argument gegen jegliche spezielle Schulen geworden war und jegliche Diskussion im Keim ersticken konnte, fühlte ich mich noch einmal zu einer Richtigstellung veranlasst. Das Ergebnis lege ich hier vor. Dabei verwende ich zusätzlich auch überarbeitete Auszüge aus Artikeln, die ich im Laufe der letzten Jahre zum Thema publiziert habe. Das Ganze soll aufzeigen, dass schulische Inklusion als Vollinklusion, wie sie ursprünglich vom Deutschen Bundestag her vorgesehen gewesen war, also bei einem völligen Verzicht auf spezielle Schulen, das Schulsystem real überfordert. Es liegt also nahe, das totale Verdikt gegen spezielle Schulen zu überdenken bzw. aufzugeben.

Ich hoffe, dass dieses Buch als das wahrgenommen wird, was es sein will: Eine Analyse der schwierigen Realisierbarkeit eines inklusiven Schulsystems und zugleich der Versuch eines Brückenschlags über Gräben hinweg.

München im April 2019   Otto Speck

Einleitung

Kaum ein anderer Leitbegriff in der Sozialgeschichte hat die Würde von Menschen mit Behinderungen und deren volle Zugehörigkeit zur menschlichen Gemeinschaft so stark in das öffentliche Bewusstsein und damit in die Verantwortung der Gesellschaft gerückt wie die Metapher „Inklusion". Sie sei zwar zu einem „Modewort" geworden, wie es im Leitartikel der Süddeutschen Zeitung vom 16.06.2014 hieß (Prantl 2014, 4), was aber nicht bedeuten solle, dass Inklusion etwas „Modisches" sei. Im Gegenteil, meinte Prantl voller Enthusiasmus, handele es sich um ein gesellschaftspolitisches Prinzip mit dem „gewaltigen Anspruch" einer „Realvision" und dem hochgesteckten Ziel einer „Zeitenwende, die viel Geld kosten werde, aber die Gesellschaft wunderbar verändern" werde. Für die meisten Menschen sei Inklusion schlicht der spontane Ausdruck des Gefühls der Zusammengehörigkeit aller Menschen.

Erste Anstöße zu diesem sozial-ethischen Bewusstseinswandel hatte es schon seit Ende des vorigen Jahrhunderts gegeben. So berichtete unter anderem der bekannte amerikanische Sozialwissenschaftler Jeremy Rifkin in seinem Buch „Die empathische Zivilisation" von weltweiten Trends seit den 1970er Jahren, die auf ein Verdrängen ökonomisch-materialistischer Wertedominanz durch eine stärkere Geltendmachung immaterieller Werte hindeuteten: „Wir werden Zeugen der größten empathischen Welle aller Zeiten" (2010, 334). Er bezog sich dabei ausdrücklich auch auf das veränderte empathische Verhältnis gegenüber Menschen mit Behinderungen und wies dabei auch auf verstärkte Bemühungen von Eltern und Verbänden hin, für Kinder mit Behinderungen die allgemeinen Schulen zugänglich zu machen (337).

Diese Einstellungen und Forderungen waren auch hierzulande verbreitet und zwar unter dem Leitbegriff der „Integration". Da dieser Begriff aber zunächst im Wesentlichen nur von Betroffenen und

Fachleuten diskutiert wurde und teilweise auch migrationspolitisch befrachtet war, spielte er eher eine gesellschaftlich marginale Rolle. Dies änderte sich nahezu schlagartig mit dem ansprechenden Begriff „Inklusion", der sich wie eine neue Mode rasch ausbreitete. Er führte auf der einen Seite zu einer „Massenproduktion" und „Banalisierung" des Neuen (Armstrong 2015, VII). Auf der anderen Seite löste er bei vielen Menschen eine echte *sozio-emotionale und politische Resonanz* aus. Ein solcher Überschwang bestimmte dann 2008 die Beratung zur UN-Behindertenrechtskonvention im Deutschen Bundestag, bei der allerdings der Sachverstand von Fachleuten über die Förderung von Kindern mit Behinderungen und die Meinung und Erfahrung von Eltern und Betroffenen weniger als eigentlich nötig zur Geltung kamen. Dadurch zeigten sich die mit dem Inklusionsmodell unvermeidbar verknüpften Probleme in ihrer Fülle erst nachträglich.

Eine zentrale Dissonanz bildete sich zwischen der mehr spontan und politisch bedingten Zielvorstellung „Eine Schule für alle!", d. h. eines Verzichts auf spezielle Schulen, und dem Gegenargument, dass dieser Verzicht zu ernstzunehmenden schulischen Nachteilen für bestimmte Schüler mit Behinderungen führen könnte. Derartige Bedenken aber wurden mit der harten Begründung mehr oder weniger zum Schweigen gebracht, dass Inklusion das „Menschenrecht" auf *gemeinsamen Unterricht* sei. Die damit verbundene Schließung von Förderschulen verunsicherte Pädagogen und Eltern von Kindern mit Behinderungen, zumal die neue „inklusive" Lösung in der Praxis weithin mit erheblichen Unzulänglichkeiten verbunden war. Es verwundert daher nicht, dass die Zahl der Vertreter einer gemäßigten bzw. realistischen Konzeption schulischer Inklusion allmählich wuchs (Ahrbeck 2018), wenn auch deren Stimme in der Öffentlichkeit gegenüber den verbreiteten *emotionalen* Einstellungen der Vertreter einer Einheitslösung zunächst weithin verhallte. Hinzu kam eine gewisse Verlegenheit der Vertreter der bisherigen „Sonderpädagogik", die die längste Zeit in Übereinstimmung mit der allgemeinen Schule geradezu „monolithisch Massenproduktion" betreiben konnte (Armstrong 2015, VII). Kritik war also angebracht und fand auch viele Anhänger.

Die Bilanz der Entwicklung eines inklusiven Schulsystems fällt nach zehn Jahren Praxis ausgesprochen zwiespältig aus. Einerseits wird der gemeinsame Unterricht von Kindern mit und ohne Lernprobleme(n) vielerorts von hohem Idealismus und auch einer beachtlichen pädagogischen Qualität getragen. Anderseits sind Mängel unübersehbar. Sie zeigen sich deutlich in der nahezu unverändert gebliebenen hohen Förderschulquote. Der bekannte Bildungsforscher Klaus Klemm spricht in seinem Lagebericht „Unterwegs zur inklusiven Schule" 2018, herausgegeben von der Bertelsmann Stiftung, aus bildungsstatistischer Perspektive von einem „mageren" Ergebnis. Öffentliche Kritik wird vor allem von Seiten der betroffenen Lehrerinnen und Lehrer sowie der Eltern geübt. Sie richtet sich vor allem gegen eine unzulängliche Vorbereitung des neuen Schulsystems und gegen unzureichende Ressourcen. Das Ganze beruhe zwar auf einer guten Idee und habe auch gute Vorbilder, sei aber in der Praxis unausgereift (Klemm 2018).

Der entstandene allgemeine Streit um die schulische Inklusion lähmt die an sich notwendige Diskussion um eine Lösung der entstandenen Probleme, schadet aber auch der guten Idee und setzt unter Umständen die Förderungschancen vieler Kinder mit Behinderungen aufs Spiel.

Auf der anderen Seite kann verzeichnet werden, dass inzwischen 25 Schulen mit dem Jakob Muth-Preis oder dem Deutschen Schulpreis ausgezeichnet wurden, weil sie das Projekt Inklusion beispielhaft umgesetzt hatten. Allerdings haben z. T. unerwartete Hindernisse zu Umsetzungsschwierigkeiten und Enttäuschungen geführt.

Gründe für die eingetretenen Probleme und Spannungen liegen aber nicht nur in realen Schwierigkeiten der organisatorischen Umsetzung, sondern auch in konzeptionellen Differenzen. Im Weg stehen vor allem falsch eingeschätzte Bedarfe an *Ressourcen*, aber auch fragwürdige Konsequenzen, die durch inkorrekte Übersetzungen des in englischer Sprache verfassten Textes der UN-BRK bzw. durch Inkompatibilitäten der fachlichen *Terminologien* mit den jeweils verschiedenen rechtlichen und organisatorischen Strukturen in den einzelnen Ländern entstanden sind.

Es fällt auch auf, dass sich die eingetretenen Verknotungen des Inklusionsprinzips besonders auf den *Bildungsbereich* beziehen, nicht aber im *Sozialbereich* virulent sind. Dies dürfte vor allem zwei Gründe haben: Zum einen handelt es sich beim Schulsystem um ein staatlich strikt bis in rechtlich-organisatorische Details des Schulalltags und der Schulpflicht geregeltes System, das sich als schwer beweglich erweist. Zum anderen stellt gerade diese staatliche und gesetzliche Geregeltheit einen Anreiz dar, auf schnellerem und direktem Weg eine Reform durchzusetzen. Gesetze müssen schließlich umgesetzt werden. Dass diese Beschleunigungsmethode zu neuen Problemen führen kann, zeigte sich vergleichsweise nach der Einführung des achtjährigen Gymnasiums in Deutschland. Diese musste inzwischen widerrufen werden. Auffallend ist außerdem, dass der Streit um den Art. 24 der UN-BRK — im Unterschied zu anderen Ländern — in Deutschland besonders heftig ausgetragen wird.

Als lästig kann man schließlich *Missverständnisse* bezeichnen, die dadurch entstehen, dass in der Diskussion terminologisch zu sehr verallgemeinert wird und z. B. die Unterschiedlichkeit der Lernsituation in Bezug auf verschiedene Behinderungsarten und Bedürfnisse zu wenig beachtet wird. Eine körperliche oder sprachliche Behinderung hat ein anderes Gewicht für das einzelne Kind und für den gemeinsamen Unterricht als eine geistige Behinderung oder eine schwerwiegende sozio-emotionale Entwicklungsstörung. Es genügt auch nicht, beim nötigen Personal nur von „Sonderpädagogen" zu sprechen, ohne zu differenzieren, dass jeder Sonderpädagoge nur über bestimmte behinderungsbezogene Qualifikationen verfügt.

Dass eine Systemveränderung Anfangsprobleme hervorbringt, ist an sich verständlich. In diesem Falle aber scheinen viele der eingetretenen Probleme über sogenannte Kinderkrankheiten hinauszureichen. Damit steht das gesamte bisher verfolgte Konzept schulischer „Inklusion" zur Überprüfung an. Ein wichtiger Teil dabei ist seine Ideologielastigkeit. Diese hat u. a. dazu geführt, dass das schulpädagogische Inklusionskonzept in den Rahmen eines totalisierenden Zukunftsbildes, das als einzig erstrebenswert erscheint und eine „inklusive Gesellschaft" voraussetzt, gestellt wird.

Bei einer derartigen Zielvorstellung werden die Gesamtheit der gesellschaftlichen Zusammenhänge, die Rolle der Einzelnen darin und die in Aussicht gestellte Glückserfüllung von einem einheitlich und autoritär definierten Komplex aus Idee, Normen oder Dogmen her gedeutet (Bauer 2018, 42). Dabei beruhen die Bedingungen für die Verwirklichung der Idee oder des verkündeten neuen Welt- und

Menschenbildes im Wesentlichen auf Annahmen. Sie können sogar Formen und die Dynamik eines *Glaubenssystems* annehmen. Geradezu dogmatisch gilt dann die *Abwehr einer Mehrdeutigkeit* des Inklusionsbegriffs, z. B. hier die Ablehnung des gleichzeitigen Bestehens spezieller Schulen. Verteidigt wird die „Reinheit" der Lehre, ihre Eindeutigkeit. Die neue Idee wird mit einem Absolutheitsanspruch als einmalige, unüberholbare und endgültige Weltverbesserungsidee, die zu einer neuen, einer *inklusiven Gesellschaft* führen und alles Bisherige in den Schatten stellen werde, vorgestellt. Ein Beispiel: Inklusion sei „die ultimative Integration, sozusagen der Olymp der Entwicklung, danach kommt nichts mehr" (Wocken 1990, zit. b. Ahrbeck 2014, 61). Visionen an sich haben ihren Sinn. Diese haben sich aber letztlich an der Wirklichkeit zu orientieren.

Es zeigt sich ganz offensichtlich, dass das bisher verfolgte Konzept einer Vollinklusion nicht vollständig mit der Konstitution des deutschen Bildungssystems zu vereinbaren ist. Konkret gesehen ist es die *Praxis* der Umsetzung des Inklusionsprojektes, die den kritischen Punkt bildet. Für eine Klärung eignet sich ein Satz von Jean-Paul Sartre, zitiert von Georg Feuser (2018, 48): Es gehe nicht darum, „das gegenwärtige System pauschal zu negieren, abzulehnen. Man muss es vielmehr Zug um Zug außer Kraft setzen: in der Praxis. Der Angelpunkt ist die Praxis. Sie ist die offene Flanke der Ideologie". Dieser Satz enthält für den vorliegenden Kontext zwei wichtige Signale: Zum einen, dass es die Praxis ist, die über den Erfolg einer umzusetzenden Idee entscheidet, also nicht die Idee an sich. Zum anderen wäre es *falsch, damit anzufangen, das bestehende Schulsystem pauschal abzuschaffen.* Genau das war aber die erklärte Absicht und Vorgehensweise der maßgebenden Instanzen vor zehn Jahren in Deutschland, die u. a. den Bundestagsbeschluss begleitet haben. Es liegt also nahe, diesen Einstieg und Ansatz zu überprüfen, zumal er überstürzt erfolgt war.

Dabei zeigen sich folgende Schwierigkeiten: Eine mehr von der Vernunft und der Realität getragene Sichtweise kollidiert grundsätzlich mit der *Ideologie* einer radikalen, auf eine endgültige Aufhebung *sämtlicher* sozialen „Ausgrenzungen", also auf institutionelle Einheitlichkeit abgestellte Inklusion. Befürchtet wird, dass Kritik das Ganze der neuen Idee gefährden könnte. Eine gemäßigte Inklusionslösung wird dadurch blockiert. Kompromisse kommen nicht in Betracht. Sie würden einen Verrat an der Idee bedeuten. Ein klärender Dialog kommt nicht zustande. Die Idee versteift sich zum Dogma, dem gegenüber reale Probleme als untergeordnet bewertet bzw. in die Zukunft verschoben werden mit der Erklärung, dass sie sich nach Durchsetzung der Idee von selbst aufgelöst haben würden. Jeglicher Kritik gegenüber wird das Maximum der Zielvorstellung „ohne Wenn und Aber" einzufordern versucht. Ich möchte ein derart starres Festhalten an der totalisierenden Ideologie, verbunden mit einem Ignorieren einer kritischen Praxis als „Inklusionismus" bezeichnen. Dieser wird aber – um beim Monitum von Sartre zu bleiben – nur durch eine neue *Praxis* überwunden werden können.

Die gravierendsten Auswirkungen des hier angesprochenen Dilemmas beziehen sich also auf die künftige Rolle bzw. die Legitimität *spezieller Schulen*. Dabei kommt dem Begriff „Menschenrechte" eine zentrale Bedeutung zu, da dieser als rechtlich konstitutiv für das Inklusionsprinzip gilt. Es muss Klarheit bestehen, worauf sich „das Menschenrecht auf Inklusion" tatsächlich bezieht. Zu fragen ist, ob es wirklich zutrifft, was gerade in Deutschland weithin in der Öffentlichkeit und von Befürwortern einer Vollinklusion behauptet wird, dass sich der Begriff „Inklusion" ausschließlich auf gemeinsamen Unterricht bezieht und damit spezielle Schulen ausgeschlossen sind. Ihre Existenz verstieße dann gegen ein *Menschenrecht*. Es ist kaum vorstellbar, dass es ohne eine Klärung dieser rechtlichen Grundlagen schulischer Inklusion eine konstruktive Umsetzung des schulischen Inklusionsmodells geben kann. Genau diese Klärung ist der Zweck der hier vorgelegten Untersuchungen und Befunde. Ihr Ergebnis sei vorweggenommen: Das genannte Menschenrecht auf Inklusion bezieht sich nachweislich auf einen restlos zu gewährenden Zugang aller Kinder, also auch der von Kindern mit Behinderungen, *zum Bildungssystem*, d. h. nicht ausschließlich auf einen gemeinsamen Unterricht an Regelschulen. Daraus folgt: Ein inklusives Schulsystem ist als ein strukturell differenziertes oder duales Gesamtsystem zu verstehen, das primär auf gemeinsamen Unterricht an Regelschulen ausgerichtet ist, jedoch – in verkleinerter Zahl – auch spezielle Schulen oder Klassen umfasst, soweit sie aufgrund besonderer Förderbedürfnisse notwendig sind (Kap. 4.5).

Da mit der strikten Unterscheidung von Integration und Inklusion die These von der Verzichtbarkeit der Förderschulen verbunden ist, kann ein Blick in die Vorgeschichte nähere Aufschlüsse für eine Klärung geben.

1 Vorgeschichte: Integration und ideologische Wurzeln

Was wir heute unter „Inklusion" verstehen, ist im Wesentlichen seit Jahrzehnten durch „Integration" vorbereitet worden. Beteiligt an diesem Umbau waren vor allem Eltern, Sozialverbände, Schulen und Fachleute. Erste Erfahrungen wurden in mehreren Schulversuchen im In- und Ausland gesammelt.

1.1 Erfolgreiche Projektschulen für gemeinsames Lernen

Ende der 1970er Jahre entstanden die ersten Modellschulen für gemeinsames Lernen. Genannt seien hier nur einzelne, wie die Fläming-Grundschule in Berlin oder die speziellen „Förderzentren" (ohne Schüler) in Schleswig-Holstein. Als ein gelungenes frühes Beispiel für gemeinsamen Unterricht sei hier eine der bekanntesten Projektschulen genannt, die 1970 von dem Sozialpädiater Theodor Hellbrügge initiierte private Modellschule „Aktion Sonnenschein" nach Maria Montessori in München. Das Bemerkenswerte an dieser Schule ist, dass sie rechtlich als ein sonderpädagogisches Förderzentrum (Schule für Kinder mit und ohne sonderpädagogischen Förderbedarf) geführt wird. Hier sind Sonderpädagogen auch Klassenlehrer. Ich selber hatte nach Abschluss der „Schulversuchsphase" das Gutachten zur Anerkennung dieser Schule zu verfassen. Die allgemein anerkannte Qualität dieser Schule führte u.a. dazu, dass sie in den Beratungen des Ausschusses „Sonderpädagogik" des Deutschen Bildungsrates als Modellschule besondere Beachtung fand. Ein Sozialpädiater aus dieser Einrichtung (Münchener Kinderzentrum) war ständiges Mitglied des Ausschusses „Sonderpädagogik" des Deutschen Bildungsrates.

1.2 Die Empfehlungen des Deutschen Bildungsrates

Schon seit Ende der 1960er Jahre waren in Deutschland und im Ausland Aktivitäten zu beobachten, unter dem Begriff *Integration* die alleinige Zuständigkeit von Sonderschulen für die pädagogische Förderung von Kindern und Jugendlichen mit Behinderung zugunsten von mehr gemeinsamem Unterricht mit Kindern ohne Behinderung aufzuheben und die allgemeine Schule in das integrative Konzept einzubinden. Die Bildungskommission des Deutschen Bildungsrates berief 1970 den Ausschuss „Sonderpädagogik" ein, der klären sollte, wie die neuen Integrationsbestrebungen im gesamten Schulsystem umgesetzt werden könnten. Als Vorsitzender und Protagonist für gemeinsamen Unterricht bundesweit wurde der Erziehungswissenschaftler Jakob Muth berufen. Seiner Idee ist der „Jakob Muth-Preis für inklusive Schule" gewidmet, der seit 2009 an Schulen vergeben wird, die inklusive Bildung beispielhaft umsetzen. Dem Bildungsratsausschuss gehörten sowohl Wissenschaftler der „Sonderpädagogik" als auch die Referenten für „Sonderpädagogik" in den Länderministerien an. Ich selbst war von Anfang bis zum Ende der Beratungen 1973 Mitglied des Ausschusses.

Die Ergebnisse der Beratungen fanden ihren Ausdruck in den „Empfehlungen zur pädagogischen Förderung behinderter und von Behinderung bedrohter Kinder und Jugendlicher" (Deutscher Bildungsrat 1973). Im Sinne einer Alternative zum bestehenden Schulsystem, in dem „behinderte Kinder und Jugendliche bisher in eigens für sie eingerichteten Schulen unterrichtet wurden", wurde „der bisher vorherrschenden schulischen Isolation Behinderter ihre schulische Integration" entgegengestellt (1973, 15) und für die pädagogische Förderung dieser Kinder und Jugendlichen „eine „weitmögliche gemeinsame Unterrichtung von Behinderten und Nichtbehinderten" vorgesehen (1973, 17f.). Empfohlen wurden Möglichkeiten einer entsprechenden Individualisierung und Differenzierung des Unterrichts in den allgemeinen Schulen sowie die Organisationsform „Kooperativer Schulzentren". Jakob Muth bemerkte 1982 ausdrücklich, dass „keineswegs an ein Aufgeben all dessen gedacht (sei), was Sonderschulen leisten". Vielmehr gehe es darum, „daß diese spezifischen Leistungen in selbständigen pädagogischen Einheiten erhalten bleiben und mit allgemeinen Schulen in eine Verbindung gebracht werden". Es wäre „nicht gut, „behinderte Kindern einfach in die allgemeinen Schulen einzubringen" (1982, 13). Sie könnten sich sonst „verloren vorkommen und kein Selbstkonzept für ihren Lebensvollzug entwickeln" (1982, 14).

Die „Empfehlungen" des Deutschen Bildungsrates zur schulischen Integration hätten an sich als ein Markstein in der Entwicklung von Integration / Inklusion in Deutschland gelten können, stießen jedoch damals — mit Ausnahme der „Frühförderung" (Speck 1977) — , d. h. fast 20 Jahre lang auf deutliche Distanz sowohl im Bereich der Sonderschulen und des Verbandes Deutscher Sonderschulen (VDS) als auch der Länderregierungen. Bayern beispielsweise zog seinen Vertreter im Ausschuss zurück. Zu groß und zu abrupt erschien der Eingriff in das damals expandierende Sonderschulsystem. Der Widerstand hatte sich schon zu Anfang der Beratungen abgezeichnet: Die Kultusministerkonferenz der Länder berief einen eigenen Ausschuss von Ländervertretern der Sonderschulpädagogik ein, die zur selben Zeit eine eigene „Empfehlung zur Ordnung des Sonderschulwesens" erarbeiteten und diese schon 1972, also noch während der Beratungen des Bildungsratsausschusses, veröffentlichten (Kultusministerkonferenz 1972). Das Bemerkenswerte daran war, dass die Autoren dieser Empfehlung als Vertreter der Länderregierungen zugleich Mitglieder des Ausschusses „Sonderpädagogik" des Deutschen Bildungsrates waren. Zu ihnen gehörte u. a. auch der Vorsitzende des Verbandes Deutscher Sonderschulen (VDS) als Vertreter einer Landesregierung. In der Empfehlung der Kultusministerkonferenz (KMK) wurde im Besonderen die *Eigenständigkeit der Sonderschulen* unterstrichen. Bezeichnend dafür war der Satz: „Auch dort, wo aus zwingenden Gründen kleine Schulen nicht zu vermeiden sind, werden sie als selbständige Sonderschulen geführt" (Kultusministerkonferenz 1972, 9). Diese Bestimmung zielte vor allem darauf ab, dass — im Unterschied zum Ausland — in Deutschland keine *Sonderklassen* einer allgemeinen Schule angegliedert werden sollten. Erst 1994, also 21 Jahre später, war der allgemeine Integrationsdruck so stark geworden, dass sich die Kultusministerkonferenz bereit fand, den gemeinsamen Unterricht von Kindern mit und ohne Behinderung in den allgemeinen Schulen zuzulassen und zu regeln.

Aus heutiger Sicht ist zu dieser verzögerten Umsetzung der Empfehlungen des Deutschen Bildungsrates zweierlei anzumerken: Zum einen enthielten die Empfehlungen aus damaliger Sicht durchaus ein passables Integrationskonzept, das auch als Inklusionsansatz verstanden werden kann und in Teilen heute noch dienlich sein könnte, selbst wenn dieser Ansatz heute „nur" als „Integrationsansatz" interpretiert und damit abgewertet wird. Der Grund für die Verzögerung liegt also nicht im Konzept der „Integration" selbst, sondern darin, dass die mentale Umdisponierung der Sonderschulvertreter auf ein neues und differenziertes Schulsystem mehr Zeit beanspruchte. Dass die Umdisponierung also zunächst als allzu fremd und abrupt empfunden wurde, ein in gewissem Sinne psychologisch nachvollziehbarer Grund. Ich erinnere mich an Briefe, in denen ich damals kritisch und vorwurfsvoll von Kollegen gefragt wurde, ob denn die Sonderschulen, die gerade erst ausgebaut worden seien, nun wieder abgebaut werden sollen.

Zusammenfassend ist festzustellen, dass der Unterschied zwischen den beiden Konzepten Integration und Inklusion nicht so sehr in einer grundlegenden Unzulänglichkeit des „Integrationsansatzes" der Empfehlungen des Deutschen Bildungsrates lag, sondern eher in der Schwerbeweglichkeit des Schulsysteme, d. h. in einer verzögerten Übergangsphase, in der sich der Begriff Inklusion zur Generalforderung nach „Einer Schule für alle", d. h. zur Forderung nach Schulsystem ohne Sonderschulen, weiterentwickelte. Meine Grundthese, die ich schon während der Beratungen im Ausschuss „Sonderpädagogik" des Deutschen Bildungsrates formuliert hatte, lautete:

„Gemeinsamer Unterricht so viel als möglich und so wenig getrennter Unterricht als nötig. Im Übrigen müssen für den gemeinsamen Unterricht die entsprechenden Bedingungen gegeben sein und die beteiligten Schüler dürfen in ihrer Entwicklung keinen Schaden nehmen" (Speck 1987, 311).

Entsprechende Erfahrungen hatte ich im Rahmen des Bund-Länder-Projektes „Integrierte Grundschule" in München (1970 bis 1973) zusammen mit Kollegen des Max-Planck-Instituts für Psychiatrie (1974 bis 1977) in München gesammelt, das wir wissenschaftlich begleiten durften (Speck et al. 1978). Bei diesem Projekt ging es darum, in einem Stadtteil in München (sozialer Brennpunkt „Hasenbergl") mit einer relativ hohen Quote an Sonderschulüberweisungen nachzuweisen, dass sich durch die innere Differenzierung einer Grundschule und durch die zusätzliche Mitwirkung eines „pädagogisch-therapeutischen Teams", bezogen auf 310 Schüler mit Lernstörungen und Verhaltensstörungen, das Verhalten und die Schulleistungen der Schüler verbessern lassen. Bei diesem Satz (Speck et al. 1978) stützte ich mich auf eine Bestimmung in der „Empfehlung" der Kultusministerkonferenz von 1972 (1972, 31): „Schüler mit vorübergehenden partiellen oder milieubedingten Leistungsbehinderungen dürfen nicht in die Sonderschule für Lernbehinderte aufgenommen werden" (Kultusministerkonferenz, 31). Ich hatte bereits 1973 in einem Aufsatz (Speck 1973b) die international gesehen auffallend große Zahl dieser Schüler als „uneigentliche Sonderschüler" in Frage gestellt. Das Ergebnis des Schulversuchs war: Die Quote der Überweisungen in die Schule für Lernbehinderte sank von 2,2% auf 0,7% (Speck 1973b, 157) und die Quote der Nichtversetzungen im gleichen Zeitraum von 4,6% auf 2,1% (Speck 1973b, 160). Kennzeichnend für die damalige Reserviertheit der Sonderschulpädagogik war, dass die an sich positiven Ergebnisse so gut wie keine praktische Resonanz im Sonderschulbereich fanden. Eine Verminderung des Sonderschulbesuchs stand damals nicht auf der Agenda der Sonderschulpolitik. Anders im öffentlichen Bereich: Hier hatte sich das Interesse am Prinzip des gemeinsamen Unterrichts festgesetzt. Ein Beispiel dafür war die vom Verleger Erhard Friedrich initiierte Monatszeitschrift „zusammen: Behinderte und nicht behinderte Menschen", an der ich als Mitherausgeber und Autor mitwirken durfte.

1.3 Impulse aus dem Ausland: Italien ohne Sonderschulen

Die integrativen Bestrebungen der damaligen Zeit erhielten auch Anstöße aus dem Ausland, wobei die schulischen Umstrukturierungen in *Italien* besondere Beachtung fanden. Hier hatte es erst seit relativ kurzer Zeit überhaupt Sonderschulen gegeben, die nun als benachteiligend angesehen und deshalb geschlossen werden sollten. Den Anstoß für einen direkten Kontakt mit Italien hatten italienische Behörden gegeben, die sich darüber beschwert hatten, dass viele Kinder italienischer Gastarbeiter in Deutschland in Sonderschulen (für Lernbehinderte) landeten. Auf einer deutsch-italienischen Tagung in Ancona 1981 – ich hatte einen Vortrag über unser *Frühförderungssystem* zu halten – , die auf deutscher Seite vom Verband Deutscher Sonderschulen (VDS) organisiert worden war und auf der das deutsche Sonderschulwesen erklärt werden sollte, waren die deutschen Wissenschaftler der „Sonderpädagogik" ganz und gar nicht willkommen, denn sie standen aus italienischer Sicht für ein Schulsystem, das man in Italien gerade abschaffen wollte.

Um mir selbst ein Bild über die neuen italienischen Verhältnisse einer schulischen Integration zu machen, unternahm ich 1986 mit meinen Mitarbeitern und unter Vermittlung einer aus Italien stammenden Doktorandin eine Exkursion nach Italien. Wir interessierten uns vor allem für die schulische Situation von Kindern mit schweren Behinderungen. Was uns beeindruckte, waren Eltern, die sich ausdrücklich für einen integrierten Schulbesuch ihrer Kinder mit Behinderung einsetzten. Wir erlebten ein in einer Schulklasse integriertes Kind mit Down-Syndrom, aber in keiner Schule ein Kind mit einer schwereren Behinderung. Solche Kinder fanden wir dagegen in einer ärmlichen kirchlichen Anstalt in Mantua. Die Erklärung für diese Desintegration liegt in einem Beschluss des Obersten Italienischen Gerichtshofes aus dem Jahre 1981, wonach die Schule Kinder mit einer schweren Behinderung nicht aufnehmen müsse, weil „Integration" nur dort geschehen könne, wo beim Kind adäquate und Erfolg versprechende Bedingungen vorhanden seien (Galliani

1982). Diese Kinder erhielten bestenfalls Einzelunterricht oder wurden in Heimen (privater Träger) versorgt.

Unser abschließender Eindruck war, dass das italienische Integrationsprojekt noch nicht ausgereift war. Kritisch vermerkten wir nicht nur die Aussage, dass man für eine Integration keine Sonderpädagogen brauche, dass diese wegen ihrer sonderpädagogisch geprägten Einstellungen sogar integrativ gesehen hinderlich seien, und dass für den generell einzurichtenden gemeinsamen Unterricht nur zusätzliches *Personal für Integrationshilfe* nötig sei. Kritisch war auch die Tatsache zu sehen, dass die örtlichen Integrationsbemühungen in erster Linie auf örtlichem und individuellem Engagement sowie persönlichen Initiativen beruhten, also vom Staat zu wenig abgesichert waren. Uns war berichtet worden, dass nach zehn Jahren das Modell „soziale Integration" seine gesellschaftliche Basis eher verloren habe. Der Aufwand sei zu groß. Es gäbe schon wieder Spezialeinrichtungen. Die „Mythologie der Effizienz", das Leistungsprinzip, verschaffe sich (aus dem Norden her, vor allem aus Deutschland kommend) mehr Geltung. Diese Aussagen bestätigte 2009 der italienische Integrationspädagoge Dario Ianes. Die schulische Integration in Italien sei „weit davon entfernt, perfekt und völlig funktionsfähig zu sein" (Ianes 2009, 39). In der neuen Lehrergeneration habe sich gegenüber den kämpferischen siebziger und achtziger Jahren die Innovationsfreude verringert. Berichtet wurde auch, die pädagogisch-didaktische Umsetzung der Idee der Integration in tragfähige Strukturen scheint „nicht ausreichend gelöst" zu sein (Dorn 2009, 204).

1.4 Wissenschaftler der „Sonderpädagogik" gegen Sonderschulen

Generelle Kritik am Sonderschulsystem, die auf die Ablehnung spezieller Schulen zielte, wurde seit den 1970er Jahren hierzulande insbesondere von Hochschulprofessoren für „Sonderpädagogik" geübt. Ihr Motiv war *gesellschaftspolitisch*: Sonderschulen sollten zugunsten „Einer Schule für alle" aufgelöst werden (Speck 1990). Es waren vor allem Vertreter einer marxistisch-materialistisch begründeten „Sonderpädagogik", die sich generell gegen eine „bürgerlich-kapitalistische Sonderpädagogik" wandten. Als sozialpolitischer Vorläufer in den 1960er Jahren kann die sogenannte Heimkampagne betrachtet werden. Mit dieser wurden autoritäre und unterdrückerische Zustände in der damaligen Fürsorgeerziehung angeprangert, die unter dem Motto „Holt die Kinder aus den Heimen!" überwunden werden sollten. Als zeitliche Parallele kann auch die von dem Psychiater Franco Basaglia in Italien angestoßene Psychiatriereform gelten, die zur Schließung psychiatrischer Kliniken geführt hatte.

Konkreten Anlass für die damalige Kritik an den Sonderschulen bot die seinerzeit auffallende Expansion dieser Schulen. Hinter dieser Vermehrung wurden „ganz konkrete ökonomische Interessen" gesehen. Behinderung wurde als „gesellschaftlich vermitteltes Phänomen", das die soziale Isolation behinderter Menschen vom gesellschaftlichen Erbe bewirke und diese verkrüppele (Jantzen 1978, 40), ausgelegt. Dieses Schicksal könne nur durch die „Aufhebung der kapitalistischen Gesellschaftsstruktur" und damit nur durch eine grundlegende „Revision der Sonderpädagogik" aufgehoben werden. Für die Schule hieß dies, dass die „miserable soziale Lage" verhaltensgestörter, lernbehinderter und sonstiger körperlich und geistig behinderter Kinder eben nicht durch den Ausbau von Sonderschulen aufgehoben werden könne, sondern nur durch *eine Schule* für die gesamte heranwachsende Jugend. Die Sonderschulen wurden pauschal als Orte der „Produktion von Arbeitskräften minderer Güte" und deren Absolventen als „Teil der industriellen Reservearmee" bezeichnet (Preuss-Lausitz 1970). Einig war man sich, dass dies nicht nur eine Veränderung des Schulsystems erfordere, sondern *eine neue Schule in einer neuen Gesellschaft*. Wie diese angesichts der unübersehbaren Vielfalt der gesellschaftlichen Normen konkret zustande zu bringen sei, blieb offen: „Wenn eine Erziehungs- und Bildungsreform gewollt ist, dann ist sie primär und der gemeinsame Unterricht für behinderte und nichtbehinderte Schüler eine logische Folge daraus" (Feuser/Meyer 1987, 220). Appelliert wurde an den „Willen zur Schulreform" über den „Willen zur schulischen Integration".

Kritisiert wurde dabei vor allem die traditionelle Konzentration der Sonderschulpädagogik auf das *Behinderungsspezifische*, ihre *Defekt-*

orientierung, ihre Ausrichtung am „medizinischen Modell". Die von der „Sonderpädagogik" begründeten und den Sonderschullehrern gemeinhin zugesprochenen besonderen Lehr- und Förderungsmethoden wurden als Illusion und als Mythos in Zweifel gezogen (Eberwein 1987, 335). Eigene „Sonderschullehrer" müssten „im Zuge der zunehmenden Integrationsverwirklichung sowie der Überwindung der Ausbildung für unterschiedliche Lehrämter überflüssig werden" (Eberwein 1987, 337). Die Behauptung wurde als „Lüge" zurückgewiesen, die schulische Besonderung Behinderter sei eine notwendige Maßnahme für deren Rehabilitation: „Sonderschulen schaffen nicht verbesserte Lernmöglichkeiten für Behinderte, sondern (sind) in besonderem Maße Institutionen der Gewalt" (Feuser 1982, 96). Eberwein sah damals sogar „die große Chance, den historischen Fehler zu korrigieren, der vor rund 100 Jahren mit der Gründung eigenständiger Sonderschulen begangen" worden sei (Feuser 1987, 335). Diese Kritik war zwar nicht hinreichend empirisch belegt, wurde aber bis in die Gegenwart weitergegeben. Sie dürfte letztlich auch eine untergründige Rolle bei der Diffamierungskampagne gegen die Förderschulen im Zusammenhang mit der Verabschiedung der UN-Behindertenrechtskonvention durch den Deutschen Bundestag (2008) gespielt haben.

1.5 Gemischte Einstellungen von Eltern und Behindertenverbänden

Die Integrationsversuche in Italien motivierten auch in Deutschland *Eltern und Behindertenverbände* zu Überlegungen und Forderungen nach einer Einführung gemeinsamen Unterrichts für Kinder mit Behinderungen. Eine der aktivsten von ihnen war der Verband „Gemeinsam leben und gemeinsam lernen", ein Zusammenschluss von Eltern zumeist von Kindern mit Behinderung. Das Ziel: Kinder mit Behinderung sollten nicht mehr so schnell in Sonderschulen abgeschoben werden. Diese Forderung enthielt vor allem eine Kritik an der rechtlichen und verwaltungsmäßigen Realität, wonach Kinder von Rechts wegen aufgrund einer Entscheidung des *Schulamtes*, d. h.

auch gegen den Willen der Eltern, in eine Sonderschule eingewiesen werden konnten und dort vielfach bis zu ihrem Schulabschluss verblieben. Die Eltern wollten das Recht haben, selbst zu bestimmen, in welche Schule ihr Kind gehen soll. Dabei machten sie vor allem und auch zu Recht geltend, dass ein gemeinsamer Unterricht nicht nur möglich, sondern auch wichtig für die soziale Entwicklung der Kinder sei. Sie betonten aber auch, dass dabei bestimmte Rücksichten erforderlich sind.

Aus einer Meldung in der Süddeutschen Zeitung vom 20.03.1980 (S. 10) geht hervor, dass sich schon 1979 beispielsweise der *Bundeselternrat* zusammen mit fünf Behindertenverbänden dafür ausgesprochen hatte, Kinder mit und ohne Behinderung „soweit wie möglich gemeinsam zu unterrichten", um „Ghettoisierungen" in Sonderschulen zu vermeiden. Diese Forderung stützte sich auf die „Empfehlungen" des Deutschen Bildungsrates von 1973. Dabei wurde eingeräumt, dass die Sonderschulen durchaus qualifizierte Hilfen anbieten. Es sei aber die Frage, ob diese Art von Hilfe tatsächlich für alle Kinder mit Behinderung die beste sei, d. h. ob sie auch wirklich den individuellen Bedürfnissen entspräche. Dabei wurde auch auf die Gefahr hingewiesen, die durch eine Überforderung der Lehrer, aber auch der Schüler entstehen kann.

Besonders aufschlussreich ist in diesem Zusammenhang das Protokoll der ersten Sitzung des Ad-hoc-Ausschusses „Gemeinsame Erziehung", die die Bundesarbeitsgemeinschaft BAG „Hilfe für Behinderte" am 5. November 1986 in Bonn abhielt, und an der eine ganze Reihe von Verbänden teilnahm. Es werden hier nur die zentralen Stellungnahmen zum Thema „gemeinsamer Unterricht" wiedergegeben. Sie dürften teilweise auch aus heutiger Sicht von Bedeutung sein.

So plädierte der *Bundesverband Lebenshilfe für geistig Behinderte* (später *Bundesvereinigung Lebenshilfe e. V.*) dafür, weitere Modellversuche für gemeinsamen Unterricht durchzuführen, um mehr Klarheit über neue Möglichkeiten zu erhalten. Eine totale „Integration" im Grundschulalter sei aber nur bedingt erprobbar. Überhaupt sei völlig offen, ob sich gemeinsames Leben und Lernen bis zum Ende der Grundschulzeit sinnvoll und für alle geistig behinderten Kinder erfolgreich gestalten und durchgehend organisieren lasse. Es seien auch die

„Grenzen gemeinsamer Erziehung" zu diskutieren (BAG „Hilfe für Behinderte" 1986, 3).

Auch der *Bundesverband für spastisch Gelähmte und andere Körperbehinderte* wandte sich gegen die allgemein geltende These, eine angemessene Förderung von Kindern und Jugendlichen mit einer Behinderung sei grundsätzlich nur in Sondereinrichtungen möglich, und sprach sich daher für alternative Lösungen im Schulbereich aus. Es sei also zu fragen, ob nicht die Kinder, sondern die Regeleinrichtungen „nicht imstande" seien, diese Aufgabe zu übernehmen. „Die schrittweise Abkehr von Sondereinrichtungen (könne) aber nur sinnvoll sein, wenn an ihre Stelle ausreichende, aber nicht ab- und auszusondernde Hilfen treten". „Eine völlige Abkehr von Sondereinrichtungen wurde für nicht sinnvoll gehalten" (BAG „Hilfe für Behinderte" 1986, 5). Eine „einseitige Parteinahme ausschließlich für die Regelschule oder ausschließlich für die Sonderschule" wurde ausdrücklich abgelehnt. Integrative Modelle seien „mit Augenmaß und Behutsamkeit zu fördern".

Der *Bundesverband zur Förderung Lernbehinderter* trat für den Erhalt von Sonderschulen für Lernbehinderte ein und machte dabei auch die Interessen der beteiligten Eltern geltend, „auch wenn das Negativimage dieser Schulen von vielen als störend empfunden wird" (BAG „Hilfe für Behinderte" 1986, 6).

Der *Dachverband psychosozialer Hilfsvereinigungen* sprach sich für ein flächendeckendes Netz gemeinsam erziehender Schulen aus, sah aber auch die Gefahr der sozialen Isolierung gehörloser Kinder in der Regelschule. Einen totalen Abbau von Sondereinrichtungen konnte er ausdrücklich nicht befürworten.

Der *Deutsche Blindenverband* hielt grundsätzlich einen gemeinsamen Unterricht für blinde Kinder unter bestimmten Bedingungen für sinnvoll, machte aber auch auf die Gefahr aufmerksam, dass die erforderliche spezielle Förderung zu kurz kommen könnte. Abgelehnt wurde ein Schwarz-Weiß-Denken, das zu einem Gegeneinander der Schultypen führen könnte.

„Integration behinderter Menschen [könne] nur bedingt planmäßig hergestellt werden [...]. Die Vermeidung von Aussonderung [sei] eine entscheidende Voraussetzung für die Durchsetzung des

Integrationsgedankens" (BAG „Hilfe für Behinderte" 1986, 9).

Die *Deutsche Gesellschaft zur Förderung der Gehörlosen und Schwerhörigen* bestätigte, dass unter bestimmten Bedingungen gehörlose Kinder durch eine gemeinsame Erziehung in Regelschulen angemessen gefördert werden können, dass für sie aber auch der soziale Kontakt mit Gleichbetroffenen wichtig sei.

Der *Freundeskreis Camphill* hielt eine integrative Erziehung durchaus für erstrebenswert, wo sie möglich sei, setzte sich aber vor allem für eine Flexibilität der schulischen Angebote ein. Regelschulen und Sonderschulen sollten „sich gegenseitig durchdringen können", also weit möglichst kooperieren, damit für jedes Kind das passendste Angebot ermittelt werden könne. „Keinesfalls (dürfe) es dazu kommen, dass die Sondereinrichtungen welcher Art auch immer (womöglich aus reinen Kostengründen) der Integration geopfert werden" (BAG „Hilfe für Behinderte" 1986, 12).

Eine Zusammenfassung vor allem der beiden letzten Abschnitte führt zu der Feststellung: In der Bewertung der Bedeutung der speziellen Schulen unterscheiden sich Eltern (Betroffene) und Fachleute (Wissenschaftler) z.T. deutlich. Beide Gruppen setzen sich zwar für den Aufbau gemeinsamen Unterrichts ein, divergieren aber in ihrer Bewertung der Rolle der speziellen Schulen: Eltern bzw. Betroffene sind offensichtlich nicht für radikale Lösungen und setzen sich nicht für Schwarz-Weiß-Lösungen ein. Sie sind zwar für etwas Neues, soweit es ihnen in ihrer individuellen Situation als konkret vorteilhaft und förderlich für ihr Kind erscheint. Sie möchten jedoch Erprobtes und Bewährtes nicht aufgeben, weil die Zukunft immer unberechenbar ist, weshalb sie an Sicherheiten für alle Fälle interessiert sind. Sie halten deshalb spezielle Einrichtungen in bestimmten Individuallagen und als allgemeine Hilfen für unverzichtbar.

Was Wissenschaftler der „Sonderpädagogik" betrifft, die das Integrationskonzept vertreten, so scheinen diese mehr an eindeutigen oder theoretisch stimmigen („sauberen") Lösungen interessiert zu sein. Sie neigen mehr zu durchgreifenden Lösungen, zumal im Sinne der eigenen politischen Ideologie. Dies wiederum führt angesichts der politischen Aufspaltungen in der Gegenwart zu mehr politischen Divergenzen, wirkt also blockierend. Es liegt auch die

Vermutung nahe, dass die unterschiedliche Bewertung des Sinns spezieller Schulen viel damit zu tun hat, wie viele und welche praktischen Erfahrungen einzelne Theoretiker selber gemacht haben.

Ein Beispiel könnte diese Annahme aus heutiger Sicht unterstützen: Nach einer repräsentativen Bevölkerungsumfrage des Instituts für Demoskopie Allensbach im Auftrag der Bundesvereinigung Lebenshilfe e.v. (Pressemitteilung vom 20.10. 2011) sind 71% der Bevölkerung und 64% der Personen, die *aus ihrem persönlichen Umfeld Menschen mit geistiger Behinderung kennen*, der Meinung, dass der Besuch einer speziellen Förderschule für diese Kinder der beste Weg sei. Die persönliche reale Erfahrung mit der Schule spielt also eine wichtige Rolle. Damit soll gesagt sein, dass eine Idee auf Dauer umso mehr Chancen hat, verwirklicht zu werden, je mehr sie durch *reale Erfahrungen* getragen wird.

Gleichwohl wird seit der Verabschiedung der UN-Behindertenrechtskonvention 2008 die Kompatibilität von „gemeinsamem Unterricht" und Förderschulen von einem Teil der Öffentlichkeit und der fachlichen Vertreter in Frage gestellt. Als generelle Begründung für diese Ablehnung spezieller Schulen wird behauptet, diese widersprächen dem „Menschenrecht auf Inklusion". So hieß es z.B. in der Süddeutschen Zeitung (vom 18.07.2018) unter dem Titel „Inklusion, ein Menschenrecht": „Förderbedürftige und behinderte Kinder haben ein Menschenrecht, gemeinsam mit allen anderen Kindern unterrichtet zu werden" (Klein 2018, 2).

Diese These, dass Kinder mit Behinderungen ein Recht auf gemeinsamen Unterricht haben, ist nicht anzufechten. Dieses Recht besteht in Deutschland seit 1994. Sie wird aber unzulässig, wenn sie in der Weise verallgemeinert wird, dass ein nicht gemeinsamer Unterricht einen Verstoß gegen ein Menschenrecht darstelle. (Dieser Sachverhalt wird weiter unten in Kapitel 2.4 differenziert dargestellt. Vgl. UNESCO 2005). Den speziellen Schulen geschieht also Unrecht, wenn behauptet wird, deren Existenz verstoße gegen ein Menschenrecht. Diese Unterstellung kann sich zum Schaden der Schüler an diesen Schulen auswirken, wenn sie dazu benutzt wird, diese Schulen in der Zuteilung von Ressourcen schlechter zu stellen, von psychologischen Auswirkungen einer Diskreditierung der an ihnen wirkenden Fachleute und Schüler ganz abgesehen. Im Übrigen entscheidet sich heute die meisten Eltern von Kindern mit Behinderung trotz des Angebots gemeinsamen Unterrichts nach wie vor für den Besuch einer Förderschule. Es wäre absurd daraus zu schließen, die Eltern missachteten damit ein Menschenrecht und träfen eine benachteiligende Entscheidung für ihr Kind.

2 Probleme und Erfolge der Umsetzung von Art. 24 UN-BRK

Obwohl die Idee der Inklusion 2009 in der allgemeinen Öffentlichkeit mit großer Zustimmung aufgenommen wurde und als Leitprinzip als unstrittig galt, verlief die reale Umsetzung, zumal des Artikels 24, Bildung, in einigen Bundesländern teilweise unbefriedigend. Die Situation ist auch heute, zehn Jahre später, noch weitgehend von Unsicherheiten bestimmt. Initiale Gründe für diese Situation lassen sich u.a. in der komplizierten Sachlage des Deutschen Bundestags finden. Dieser hatte ein Gesetz zu verabschieden, das sich in Art. 24 auf das Schulwesen bezieht, für das der Deutsche Bundestag aber aufgrund des Kulturföderalismus keine politische Sachkompetenz hat. Er war also auch nicht für die Sicherung der Finanzierung zuständig.

2.1 Die UN-Behindertenrechtskonvention im Deutschen Bundestag[1]

Der Deutsche Bundestag verabschiedete das Inklusionsgesetz am 4. Dez. 2008. Seither gibt es Probleme, deren Ursachen vor allem in den Argumentationen liegen, die den Inhalt und Verlauf der Beratungen über das Gesetz im Deutschen Bundestag bestimmten. Wichtige Aufschlüsse gibt das Bundestagsprotokoll, auf das hier Bezug genommen wird (Plenarprotokoll 16/193). Dabei ist zu entdecken,

---

[1] S. 30−37: Neuformulierung n. Speck 2015

dass der Inhalt der UN-Behindertenrechtskonvention in einem zentralen Punkt einseitig ausgelegt worden ist: Das in der UN-BRK geforderte inklusive Schulsystem wurde so definiert, dass der Begriff „inklusiv" *nur auf den gemeinsamen Unterricht* von Kindern mit und ohne Behinderung bezogen wurde, also auf eine Vollinklusion mit der Folgerung, dass die bestehenden Förderschulen als „ausgrenzende" Einrichtungen künftig abzuschaffen seien. In der UN-BRK findet sich jedoch für diese totalisierende Auslegung keine Belegstelle. Die Kultusminister-Konferenz hatte in ihrer Stellungnahme zu pädagogischen und rechtlichen Aspekten der Umsetzung der UN-BRK in der schulischen Bildung (Beschluss der Kultusministerkonferenz vom 18.11.2010) klargestellt, dass die UN-Konvention keine Aussagen über die Gliederung des Schulwesens enthält. Die Umdeutung diente im Übrigen vor allem dazu, mit der Schließung der Förderschulen den Aufbau eines vollinklusiven Schulsystem auch finanziell und personell zu ermöglichen.

Einzelheiten der parlamentarischen Debatte wurden durch ein Interview der Zeitschrift „Stern" mit der Bundestagsabgeordneten Karin Evers-Meyer (SPD) erst 2014 bekannt. Diese hatte als Behindertenbeauftragte der Bundesregierung in New York die UN-Konvention für Deutschland zu paraphieren. Sie berichtete, dass deren Inhalt „damals niemand zur Kenntnis genommen" habe, und sie fügte hinzu: „Aber ich wusste genau, was für eine Bombe ich mit nach Hause brachte" (stern, 28.5.2014). Man fragt sich: Warum eine „Bombe" und gegen wen oder was sollte sie gerichtet sein?

Es ist ernüchternd festzustellen, dass dieses sozial- und schulpolitisch als bedeutsam bewertete Gesetz im deutschen Parlament nicht gerade würdevoll behandelt wurde. Laut Protokoll gelangte die betreffende 193. Bundestagssitzung, die den ganzen Tag angedauert hatte, erst nach 22 Uhr zum Tagesordnungspunkt 23, der sich mit der UN-BRK befassen sollte. „Eine peinliche Platzierung [...] zu mitternächtlicher Stunde", wie eine Abgeordnete bemerkte. Weniger als 50 von 614 Abgeordneten waren noch anwesend. Im Gegensatz zu sämtlichen vorausgegangenen und nachfolgenden Tagesordnungspunkten wurde auf eine Aussprache völlig verzichtet. Die vorbereiteten Reden von Vertretern der verschiedenen Parteien wurden lediglich zu Protokoll gegeben (Anlage 19). Nach kurzer Ablehnung zweier Änderungsanträge der Opposition wurde über das Gesetz einschließlich des umstrittenen schulpolitischen „Problemartikels" Bildung abgestimmt: Das Gesetz wurde einstimmig angenommen. Dieser kurze Prozess hinterlässt Fragezeichen.

Als Vertreter der CDU/CSU-Fraktion sprach sich der Abgeordnete *Hubert Hüppe* im Wesentlichen dafür aus, „die UN-Konvention ohne Vorbehalte und Interpretationserklärungen zu verabschieden". Allerdings wurde ihm in einem Redebeitrag der Opposition vorgehalten, er habe sich in einem Zeitungsinterview anders geäußert und bemerkt, dass ihm „Genauigkeit an sich lieber gewesen wäre als Schnelligkeit", er habe sich aber von vielen Selbsthilfeverbänden gedrängt gesehen, die Ratifikation „unbedingt noch in diesem Jahr zu erledigen". Diese waren zur Anhörung in der parlamentarischen Vorbereitung im Ausschuss für „Arbeit und Soziales", also in einem für Bildungsfragen nicht unmittelbar zuständigen Gremium, eingeladen gewesen, nicht aber Vertreter der Sonderschulpädagogik. Die offensichtliche Einseitigkeit der Debatte zusammen mit der Eile der Beschlussfassung hinterlassen den Eindruck, dass eine intensivere, d. h. kritische Auseinandersetzung mit dem Thema Inklusion auch als Gefährdung der ideologischen Zielrichtung gesehen wurde und deshalb vermieden werden sollte.

Der Abgeordnete Hüppe musste beispielsweise einräumen, er selbst habe auch gewisse Probleme gehabt und zwar sowohl mit der deutschen Übersetzung als auch mit der sogenannten Denkschrift der Bundesregierung. Aus den anderen zu Protokoll gegebenen Redebeiträgen lässt sich deutlich herauslesen, wie sehr die radikale Zielsetzung, ein „Ende jeglicher Sondersysteme und Sonderbehandlungen" (Silvia Schmidt SPD) herbeizuführen, bestimmend war. Daraus erklärt sich u. a. die allgemeine Ablehnung des Kabinettsbeschlusses der Bundesregierung bzw. der Stellungnahmen der Kultusministerien der Länder durch die Abgeordneten. Die Länderregierungen hatten gefordert, dass bei einer Weiterentwicklung des gemeinsamen Unterrichts „die notwendigen sonderpädagogischen und auch sächlichen sowie räumlichen Voraussetzungen gewährleistet" sein müssten. Eine Forderung, die bislang von Eltern und pädagogischen Fachleuten generell vertreten worden war.

Diese Maßgaben wurden als „kleinliche Versuche der Bundesregierung" kritisiert, die UN-Konvention durch eine „inadäquate
Übersetzung" und eine „wirklichkeitsfremde Denkschrift" abzusch-
wächen. Zu dieser Kritik dürfte möglicherweise die abschließende
Feststellung der Bundesregierung beigetragen haben, sie sehe keinen
gesetzgeberischen Handlungsbedarf durch die UN-Konvention. Dem
war insofern zu Recht entgegengehalten worden, die Förderschulbesuchsquote in Deutschland liege immerhin international gesehen
relativ hoch und sollte deshalb gesenkt werden.

Den Bundesländern wurde vorgehalten, sie würden am bisherigen Begriff „Integration" festhalten und den Inklusionsbegriff ableh-
nen. Was tatsächlich der substantielle Unterschied zwischen beiden
Begriffen ist, blieb allerdings unklar. Die Abgeordnete Silvia Schmidt
(SPD) beschränkte sich auf die Feststellung, dass der Ansatz von
„Inklusion" im Bildungswesen ein quantitativ und qualitativ gänzlich anderer sei als das, was die Bundesländer unter „gemeinsamer
Beschulung" verstünden. Was „inklusive Bildung" sei, ergäbe sich
aus der „Aussagekraft der Konvention selbst und nicht aus falschen
Übersetzungen". Die Schweiz hat den Begriff „Integration" bis heute
beibehalten, weil er der amtlichen Übersetzung entspricht.

Ein wesentlicher Unterschied wurde darin gesehen, dass der Inklusionsansatz — im Gegensatz zum bloßen Angebotscharakter des
Integrationsmodells — ein „Menschenrecht" darstelle, das „jegliche
Sondersysteme und Sonderbehandlung verbiete". Obwohl davon
nichts im Gesetz steht, wurde verlangt, dass dieser Absicht per Gesetz Nachdruck zu verleihen sei. Hervorgehoben wurden pädagogische Vorteile, nicht dagegen mögliche Probleme.

Besonderer Wert wurde auf einen notwendigen *allgemeinen Bewusstseinswandel* in der Gesellschaft gelegt, der darauf gerichtet sein
müsse, „das Ende des Sondersystems in der Bildung" zu erwirken.
Die Frage nach den speziellen Förderbedürfnissen von Schülern mit
Behinderungen trat unverkennbar in den Hintergrund. Die Abgeordnete *Karin Evers-Meyers* (SPD) machte deutlich: „Wir beenden die Betrachtung von Behinderung als Defizit." Behinderung wurde damit
im Wesentlichen auf ein *soziales Phänomen* reduziert. Ihre Ablehnung
der Förderschulen begründete die Abgeordnete *Evers-Meyer* damit,
dass mehr als die Hälfte der Kinder die Förderschulen ohne Schul-

abschluss verlasse und für eine noch höhere Zahl von Kindern der Weg nach der Förderschule direkt in eine „Werkstatt für Behinderte" führe. Wie undifferenziert und sachlich unzulänglich diese Behauptung ist, wird deutlich, wenn man etwa an Kinder und Jugendliche mit geistiger Behinderung denkt und sich fragt, welche Abschlüsse sie an den Regelschulen hätten erreichen können und wo sie einen gesicherten Arbeitsplatz finden sollten? Nichtsdestoweniger sahen die Abgeordneten in der Ratifikation der Behindertenrechtskonvention nichts anderes als „einen Grund zum Feiern und ein Signal zum Weitermachen" im Sinne der von ihnen vorgegebenen Richtung.

Markus Kurth, Abgeordneter der Partei Bündnis 90/Die Grünen, übte ebenfalls Generalkritik am „selektiven deutschen Bildungssystem", stellte aber im Unterschied zu anderen Rednern zu Recht fest, dass nach dem vorliegenden Text der UN-BRK der gemeinsame Unterricht von Schülern mit und ohne Behinderungen (nur) der *Regelfall* sei. Dies konnte nichts anderes bedeuten, als dass es auch den *Ausnahmefall* geben müsse, nämlich besondere schulische Einrichtungen. Dies aber heißt, da keine Zwangseinweisungen vorgesehen sind, dass die Eltern über ein *Wahlrecht* verfügen und zwar im Sinne eines menschenrechtlich begründeten Anspruchs von Erziehungsberechtigten, ihr Kind mit Behinderung statt eine spezielle Schule eine allgemeine Schule mit gemeinsamem Unterricht besuchen zu lassen (Bielefeldt 2010).

Die entscheidende Frage bei der Verabschiedung eines Gesetzes ist an sich jeweils die nach der *Finanzierbarkeit.* Aus der auffallend einträchtigen und prinzipiellen Ablehnung der Förderschulen durch alle Parteien und aus der laienhaften Einschätzung der Kosten ist zu schließen, dass der Deutsche Bundestag von vornherein davon ausgegangen war, den favorisierten ausschließlich gemeinsamen Unterricht nur durch die Abschaffung der Förderschulen finanzieren zu wollen bzw. zu können. Das heißt, das Gesetz sollte *kostenneutral* verabschiedet werden. Für die Finanzierung der UN-BRK Art. 24 waren ohnehin nur die Bundesländer zuständig. Die Abgeordnete Silvia Schmidt bejahte diese (einzige) Finanzierungsmöglichkeit und stützte sich dabei u.a. auf eine Professorin für Schulpädagogik, die „nachgewiesen" haben solle, „dass gemeinsame Beschulung nicht teurer" sei „als die gegenwärtige Finanzierung der Sondersysteme. Im Gegenteil: Die Sondersysteme (seien) teurer".

Wie sehr sie mit dieser laienhaften Einschätzung falsch lag, ging nur wenige Wochen später aus einer damals noch unveröffentlichten, aber in den Medien bereits verbreiteten Berechnung des Berliner Forschungsinstituts für Bildungs- und Sozialökonomie (Fibs) hervor. Diese war von der Partei Bündnis 90/Die Grünen im Bundestag, die für die Abschaffung der Förderschulen eingetreten war, in Auftrag gegeben worden. Das Ergebnis: Das Kostenerfordernis für ein ausschließlich gemeinsames Unterrichtssystem sei gegenüber den *Kosten* für das Förderschulsystem etwa *doppelt so hoch* zu veranschlagen.

Das bedeutet zusammenfassend: Der Deutsche Bundestag ging davon aus, dass der von vornherein favorisierte ausschließlich gemeinsame Unterricht nur durch eine Abschaffung der Förderschulen finanziert werden könne. Eine Bestätigung für diese Beschlussgrundlage fand ich in einem mir zugeleiteten und völlig authentischen Leserbrief an eine Münchener Zeitung (leider ohne Datumsangabe), wo in einem Artikel „Gemeinsam statt gesondert" der bereits oben genannte Abgeordnete Hubert Hüppe mit folgendem Satz zitiert wurde: „Die Doppelstruktur des Bildungssystems (Sondereinrichtungen und allgemeine Schulen) sei ohnehin nicht finanzierbar". Das heißt, für den Bundestag waren nicht so sehr pädagogische, also fachliche Gründe bestimmend gewesen, sondern entscheidend waren finanzielle Rücksichten, also Sparsamkeitsgründe. Schulische Inklusion sollte ohne Mehrkosten verwirklicht werden.

Erstaunlich rasch wurde unter Berufung auf die gerade erst verabschiedete UN-BRK auf den Verwaltungsebenen und in den Medien die Auffassung verbreitet, die Förderschulen seien nun ein Auslaufmodell. Einige Kultusministerien gaben eilig bekannt, sie würden das Gesetz nun zügig umsetzen und Förderschulen schließen, während für andere Bundesländer eine solche Zielsetzung nicht in Betracht kam.

Der Beschluss des Deutschen Bundestags zur Verabschiedung der UN-BRK bedeutete, an die Stelle eines gegliederten Schulsystems mit Förderschulen sollte ein einheitliches, gewissermaßen bereinigtes Schulmodell treten. Es sollte kein „Zwei-Klassen-Schulsystem" entstehen. Totale *Einheitlichkeit* des Schulbesuchs sei am besten geeignet, die Vielfalt der Wirklichkeit für die Sicherung sozialer Teilhabe zu nutzen. Damit sollte ein duales Schulsystem verhindert und der Weg zu einem neuen total-inklusiven Schulmodell freigemacht werden. Man könnte auch von einer *schöpferischen Zerstörung* sprechen, einem Begriff aus der Wirtschaftswissenschaft, den schon Karl Marx benutzt hatte, der aber vor allem durch den Nationalökonomen Joseph Schumpeter geprägt worden war, um aufzuzeigen, dass eine alte (ökonomische) Ordnung verdrängt werden müsse, um einer neuen zum Durchbruch zu verhelfen.

In auffallender Eilfertigkeit machten sich einige Bundesländer daran, Argumente für die Entbehrlichkeit der speziellen Schulen zu finden, um sie möglichst bald schließen zu können. Schließlich lag darin die einzige Möglichkeit, gemeinsamen Unterricht finanzieren zu können. So wurde beispielsweise in einem Gutachten − zusammenfassend und im Einzelnen bezogen auf den Förderschwerpunkt „Lernen" − pauschal festgestellt, dass

> *„Kinder mit einem sonderpädagogischen Förderbedarf [...] bessere Lern- und Entwicklungsfortschritte (machen), wenn sie an einer allgemeinen Schulen lernen können. Werden sie hingegen in eigens für sie geschaffenen Förderschulen unterrichtet, entwickeln sich ihre Leistungen ungünstiger, je länger sie die Förderschule besuchen" (Klemm 2009).*

Der finanzielle Aufwand für die Förderschulen sei gegenüber den wenigen Schulabschlüssen zu hoch. Deshalb sei eine „zügige Abkehr von dem bisherigen Förderschulsystem hin zu einem inklusiven Schulsystem" zu empfehlen, d. h. die bisher für separierende Förderschulen aufgewendeten Mittel sollten in ein inklusives Regelschulsystem transferiert werden (Klemm 2009, 6). Es dürfte kaum Zweifel daran bestehen, dass mit dem Schluss von einer einzelnen Förderschulart (Bereich Lernen) auf das ganze Förderschulsystems unzulässig verallgemeinert wurde.

Einige Bundesländer begannen sofort mit der Umsetzung dieses Abbauplanes. Vorgesehene Investitionen in Förderschulen wurden gestoppt. Man begann, Förderschulen zu schließen, um das freiwerdende Lehrpersonal stundenweise für einzelne Schüler an Regelschulen einsetzen zu können. Mit den Bedingungen, die in den *vorausgegangenen Schulprojekten* für einen gemeinsamen Unterricht als notwendig erarbeitet worden waren, hatte diese dürftige Ausstattung wenig zu tun. Die Rechnung konnte nicht aufgehen, da der Aufwand für ein flächendeckendes, also ein für alle Schulen eines Bundeslandes geltendes und weithin auf mobile Dienste angewiesenes Regelschulsystem bei weitem die personellen und finanziellen Ressourcen der konzentriert angelegten Förderschulen übersteigt. Die bisherige Inklusionsentwicklung in Deutschland ist damit von der Zielvorstellung einer Vollinklusion weiter denn je entfernt.

2.2 Unstimmigkeiten bei der Übersetzung

Ein Grund für die einseitige Auslegung der UN-BRK ist in mehreren irrigen Übersetzungen und Auslegungen des englisch verfassten Originaltextes der UN-BRK zu sehen (Speck 2016). Der Artikel 24, Absatz 2, UN-BRK, veröffentlicht im Bundesgesetzblatt Jahrgang 2008 Teil II Nr. 35, vom 31. Dezember 2008 (Hervorh. im Zitat durch Autor), lautet:

> „*In realizing this right, States Parties shall ensure that:*
> *(a) Persons with disabilities are not excluded from* **the general education** *system on the basis of disability, and that children with disabilities are not excluded from free and compulsory primary education, or from* **secondary education,** *on the basis of disability;*
> *(b) Persons with disabilities* **can access** *an inclusive, quality and free primary education and secondary education on an equal basis with others in the communities in which they live;*"?

Die deutsche Übersetzung, die ebenfalls im Gesetzblatt zu finden ist, (Hervorhebungen im Zitat erfolgen durch Autor), lautet:

„Bei der Verwirklichung dieses Rechts stellen die Vertragsstaaten sicher, dass

*a) Menschen mit Behinderungen nicht aufgrund von Behinderung vom **allgemeinen Bildungssystem** ausgeschlossen werden und dass Kinder mit Behinderungen nicht aufgrund von Behinderung vom unentgeltlichen und obligatorischen **Grundschulunterricht** oder vom Besuch weiterführender Schulen ausgeschlossen werden;*

*b) Menschen mit Behinderungen gleichberechtigt mit anderen in der Gemeinschaft, in der sie leben, **Zugang** zu einem integrativen, hochwertigen und unentgeltlichen **Unterricht an Grundschulen** und einer weiterführenden Schulen haben."*

Zu Artikel 24, Absatz 2 a: Der Begriff „generell education system" wurde zwar korrekt mit „allgemeines Bildungssystem" übersetzt, dieser Begriff wurde jedoch in Deutschland mit „allgemeinen Schulen" gleichgesetzt, was bedeutet, dass die Förderschulen ausgeschlossen sind. Nach bayerischem Schulrecht, dem auch die Schulgesetze der anderen Bundesländer in diesem Punkt entsprechen, gehören die „Förderschulen bzw. Sonderschulen" wie die Regelschulen (Grundschule, Volksschule, Hauptschule, Realschule, Gymnasium) zu den „allgemeinbildenden Schulen" (Dirnaichner/Weigl 2009). Sie sind „Schulen für Allgemeinbildung". Demnach ist die Auslegung, wonach die Förderschulen nicht zum allgemeinem Schulsystem gehören, ebenso inkorrekt wie die damit verbundene Folgerung eines (künftig) totalen Ausschlusses spezieller Schulen aus dem System der „allgemeinbildenden Schulen". Für diese wäre im Englischen entsprechend den „special schools" der Terminus „regular schools" zutreffend gewesen. Anzumerken wäre auch, dass der Begriff „Regel" (Regelschulen = regular schools) logischerweise auch den komplementären Begriff „Ausnahme" (von der Regel) einschließt. Keine Regel ohne Ausnahme! Das heißt, der Begriff „Regel" trifft nur dann zu, wenn es auch „Ausnahmen" gibt. Fazit: Keine Regelschulen, wenn es nicht auch Ausnahmeschulen gibt!

Falsch ist in Artikel 24, 2 a auch die Übersetzung des Begriffes „primary education" mit „Grundschulunterricht" bzw. in Ziff. 2 b mit „Unterricht an Grundschulen" übersetzt worden. Die korrekte

Übersetzung hätte „Primarstufe" heißen müssen, da es nicht um eine *Schulart* wie die Grundschule geht, sondern um eine *Schulstufe* und zwar diejenige, die in Deutschland innerhalb des Schulsystems den Unterschied zur „Sekundarstufe", d. h. zu den „weiterführenden Schulen", bildet. Die deutsche Grundschule gehört zwar zur Primarstufe, ist aber nicht allein auf die Regelschulen bezogen. *Eine Grundschulstufe gibt es auch innerhalb des Förderschulsystems*, das zum allgemeinbildenden Schulsystem gehört (Speck 2011, 86).

In Artikel 24, 2b heißt es, dass Kinder mit Behinderungen „Zugang" zu einem integrativen, hochwertigen und unentgeltlichen Unterricht an allgemeinen Schulen haben sollen. Damit wird nichts über eine ausschließliche Legitimität dieser Schulen ausgesagt, also auch keine totale Ablehnung spezieller Schulen zum Ausdruck gebracht.

Was den Begriff „weiterführende Schulen" (secondary education) betrifft, so sind damit Schulen gemeint, für deren Besuch und Abschluss die Schüler im Allgemeinen bestimmte Voraussetzungen vorweisen müssen, weil damit bestimmte Schulabschlüsse verbunden sind, z.B. für den Besuch eines Gymnasiums das Abitur. Der entsprechende Zusatz im Gesetz, „on the basis of disability", enthält eine Einschränkung: Der Zugang zu diesen weiterführenden Schulen darf nicht „aufgrund einer Behinderung" verwehrt werden, z.B. bei Kindern und Jugendlichen mit Sinnesschädigungen, Sprachstörungen oder körperlichen Behinderungen, die ansonsten aufgrund ihrer kognitiven Fähigkeiten in der Lage wären, auch den entsprechenden Abschluss zu erreichen. Die Kombination dieser beiden Bedingungen, kognitive Fähigkeit und Behinderung, bedeutet negativ ausgedrückt, dass damit Kinder mit *geistigen Behinderungen* nicht dazugehören. Laut Schulgesetzen verfügen diese nicht über die Befähigung zu einem entsprechenden Schulabschluss. Es trifft also nicht zu, dass gemäß der UN-BRK auch Kinder mit einer *geistigen Behinderung* Gymnasien besuchen müssten.

Wenn in der Praxis eingeräumt wird, dass diese Kinder eine Ausnahme in der Weise bilden, dass sie das Abitur zwar nicht erreichen müssten, aber für die inklusive und soziale Bildung der anderen Schüler, also aus *sozialpädagogischen Gründen* wichtig seien, so kann darin eine Instrumentalisierung dieser Kinder gesehen werden: Sie werden Mittel zum Zweck für Andere auch auf die Gefahr hin, dass ihre eigenen besonderen Bildungsbedürfnisse dabei zu kurz kommen. Eine ungleiche Rolle der Schüler kann auch Komplikationen in der Weise hervorrufen, dass solche Kinder trotz ihrer Leistungsschwäche und im Gegensatz zu nichtbehinderten Mitschülern eine Klasse nicht zu wiederholen brauchen oder vom originären *gemeinsamen Gymnasialunterricht* ausgeschlossen sind. Dies ist z. B. in einem Gymnasium der Fall, von dem die Tageszeitung taz berichtete, dass die Kinder mit einer geistigen Behinderung nur im Sozialverband Schule mit nichtbehinderten Kindern zusammen sind, nicht aber am gymnasialen Unterricht teilnehmen (taz 2018). Sie werden in Nebenräumen „betreut", während die Gymnasialschüler „unterrichtet" werden. Nur bei Schulfeiern kommen alle zusammen, sonst nicht (taz 2018).

Wenn bestimmten Schülern besondere Rechte eingeräumt werden, besteht generell die Gefahr, dass sie als *Sonderkinder* und damit als *exklusiv* angesehen und behandelt werden. Was die Betreuung in Nebenräumen (im genannten Fall außerhalb des Gebäudes der Gymnasialklassen) betrifft, so wird von Seiten der Schule „verzweifelt beklagt", dass die bewilligten Stellen für sozialpädagogische Fachkräfte nicht besetzt werden könnten, sodass nur eine „Inklusion auf den Zetteln" stattfände (taz 2018).

Zu welch grotesken Situationen es in der Sekundarstufe kommen kann, zeigte der durch die Medien allgemein bekannt gewordene Fall in *Bremen*, wo eine Gymnasialdirektorin beim Verwaltungsgericht gegen ihre eigene Schulbehörde Klage eingereicht hatte. Sie hatte vom Senat die Anweisung erhalten, eine „Inklusionsklasse" für Kinder mit einem besonderen Förderbedarf in den Bereichen Wahrnehmung und Entwicklung (W- u. E-Kinder), klarer gesagt, für Kinder mit geistiger Behinderung, zu bilden. Sie hatte ausdrücklich erklärt, dass ihre Klage nicht gegen die Inklusion an sich gerichtet sei, dass sie sich aber zu diesem Schritt genötigt sehe, da sie die Anweisung der Schulbehörde für *rechtswidrig* halte. Denn laut Paragraf 20 des Bremischen Schulgesetzes sei der gymnasiale Unterricht auf das *Abitur* hin ausgerichtet. Sie sehe sich also außerstande, diese ihr pädagogisch fremde Aufgabe zu erfüllen und zu verantworten, zumal ihr kein zusätzliches Fachpersonal zugeteilt werden könne. Die Eltern der Schüler standen auf der Seite der Schulleiterin. Wegen dieser Klage sah sie sich in den sozialen Netzwerken heftigen Angriffen ausgesetzt. Der Vertreter der Gewerkschaft Erziehung und Wissenschaft erklärte gar, dieser „offene Verhinderungsversuch der Einrichtung einer inklusiven Klasse" erfülle ihn „mit Scham" (Theiner 2018). Diese Bemerkung gegenüber einer verantwortungsbewusst und korrekt handelnden Schulleiterin zeigt, wie sehr der Begriff der Inklusion *ideologisch verfestigt* ist. Immerhin heißt es in Art. 7, Absatz 2 der UN-BRK: „Bei allen Maßnahmen, die behinderte Kinder betreffen, ist das Wohl des Kindes ein Gesichtspunkt, der vorrangig zu berücksichtigen ist" (UN-Behindertenrechtskonvention 2008).

Auch von anderen Gymnasien wird — leider nur in den Medien, kaum aber aus der Forschung — berichtet, dass man dort nicht wisse, wie man das (mit der Inklusion) machen soll, oder auch, dass Kinder mit geistiger Behinderung innerhalb eines Gymnasialgebäudes räumlich *abgesondert* werden, d. h., nicht in den offiziellen Schulklassen *unterrichtet*, sondern in *Tagesstätten betreut* werden. Das Wort „Inklusionsklasse" erhält dadurch nur eine nominelle Bedeutung. Ungeklärt ist überhaupt die Frage, was eigentlich eine „Inklusionsklasse" an einem Gymnasium ist. Ist es eine „besondere Klasse" oder nur eine „betreute" Gruppe einer Tagesstätte innerhalb der Schulgemeinschaft?

Der Bremer Schulstreit macht deutlich, wie verworren die Situation der schulischen Inklusion sein kann und in welche grundlegenden Probleme dadurch das ganze Bildungssystem verwickelt wird. Sollen wirklich in allen Gymnasien des Landes „besondere Inklusionsklassen" eingerichtet werden? Kommen dafür alle Kinder mit einer geistigen Behinderung in Betracht oder werden sie ausgewählt? Ist es nicht zu wenig, wenn der Bremer Senat sagt: „Es geht um die Haltung zum gemeinsamen Leben von Menschen mit und ohne Handicap, es geht um soziales Verhalten und das voneinander Lernen"? So wichtig die „Haltung" auch ist, der kritische Akzent liegt hier darin, dass keine Klarheit darüber besteht, was pädagogisch unter „Inklusionsklassen" für Kinder mit einer geistigen Behinderung an Gymnasien zu verstehen ist: Sonderklassen oder Sondergruppen (vgl. Haeberlin 2018).

2.3 Problemlösung durch positives Denken?

Von Anfang an stieß der übereilte landesweite organisatorische Aufbau eines integrativen/inklusiven Schulsystems wegen unzulänglicher Bedingungen, vor allem fehlender Ressourcen an den Schulen (Lehrermangel, zu große Klassen, ungenügende Vorbereitung der Lehrpersonen etc.) auf erhebliche Schwierigkeiten. Von einem „hochwertigen Unterricht" (Art. 24 UN-BRK) an den allgemeinen Schulen konnte im Allgemeinen nicht die Rede sein. Die betroffenen Lehrer fühlten sich mit der neuen Zumutung überfordert oder enttäuscht, soweit sie sich emotional der neuen Aufgabe gern gestellt hatten. An dieser Tatsache änderte sich auch nichts, als Lehrerverbände oder Ministerien offiziell – oder mehr rhetorisch – große Zustimmung signalisierten. Dementsprechend wurde an den vielgelobten Idealismus der Lehrkräfte appelliert, das Manko der fehlenden finanziellen Ressourcen für ein inklusives Schulsystem durch verstärkte „positive Einstellungen" auszugleichen, wie es in einer kultusministeriellen Bekanntmachung hieß. Diese Aufforderung entsprach aber auch der allgemeinen Zustimmung zum Prinzip der Inklusion. Sie führte teilweise dazu, dass skeptische Einwände oder kritische Fragen wenig beachtet oder als übliche Anfangsschwierigkeiten abgetan wurden. Es wurde eher betont, dass sich diese durch unerschütterliches Durchhalten mit der Zeit überwinden ließen oder sich von selbst auflösen würden.

[2]An sich ist eine positive Einstellung für die Bewältigung von Problemen grundlegend wichtig (Schütz, Hoge 2007). Dies belegen nicht zuletzt Erfahrungen mit Menschen, die körperlich, psychisch und sozial beeinträchtigt sind, die es also schwerer haben, als tüchtige und glückliche Menschen zu leben. Optimismus ist mit Sicherheit ein unverzichtbarer Bestandteil heilpädagogischer Hilfe. Dies drückt sich in Zusprüchen aus, wie „Du schaffst das!" oder „Glaube an deine Kräfte!". Die heilpädagogische Hilfe wird dadurch unterstützt, sodass

---

[2] S. 42–46: Neuformulierung n. Speck 2011

das Negative, wie die physische oder seelische Schädigung, möglichst in den Hintergrund tritt, ohne verdrängt und vernachlässigt zu werden. Im Vordergrund stehen also die Chancen und Stärken eines Kindes. Für das positive Denken „einer Schule für alle ohne Ausnahme" erscheint alles Gewünschte künftig machbar: „Fordere, glaube und es wird dir gegeben!", „Denke positiv, dann wird dir auch Positives zustoßen!" (Ehrenreich 2010, 72). Demgegenüber wird alles Negative eher als hinderliches Ärgernis oder als traditionalistischer Ballast abgewertet.

Was hier deutlich werden soll, sind Gefahren einer Überzeichnung oder *Vereinseitigung positiven Denkens*, wenn dieses zur *Ideologie* wird. Mit Ideologie ist hier ein Denk-, Motivations- und Handlungsansatz gemeint, bei dem einzig eine bestimmte Idee oder irrationale Einstellungen und Anschauungen bestimmend und kritisch zu sehende, aber wichtige Teile der Realität ausgeblendet werden. In diesem Sinne kann eine Ideologie der Inklusion als eine Lehre gesehen werden, bei der die Leitidee gegenüber der komplexen Wirklichkeit verabsolutiert und primär als *künftige* Wirklichkeit erscheint, mit der Gefahr, dass sie in der unberechenbaren Realität Schaden anrichtet und sich selbst entwertet. Eine Metapher wie „In der Schule für alle sind alle Kinder willkommen" kann spontan Begeisterung und Glauben hervorrufen. Es genügt aber sicherlich nicht, Inklusion primär als ein Glaubenssystem zu verstehen und die Wege zur realen Verwirklichung zu vernachlässigen. Glauben oder positives Denken allein können nicht alle realen Probleme lösen. Als Ideologie können sie auch zu einem Betrug an der Idee selbst werden. Die Idee wird dann zum Dogma, das Druck auslöst. Dieser kann Überforderungen nach sich ziehen, die das Positive gefährden und Kinder mit Behinderungen zu Opfern werden lassen. Wie wichtig es ist, dass menschliches Leben auch in Gegensätzlichkeit, also auch als Leiden und Mitleiden zu sehen ist, hat u. a. der bekannte deutsch-französische Publizist, Soziologe und Politikwissenschaftler Alfred Grosser in der Paulskirche in Frankfurt a.M. deutlich gemacht: „Menschlichkeit heißt, das Leiden der anderen zu verstehen" (Süddeutsche Zeitung, 2010).

Ein realitätsfremd gewordenes positives Denken, ohne das Bewusstsein um die Beschwernisse des Anderen, müsste seinen Anschlusswert für die mitmenschliche Praxis verlieren. Betroffen wäre u. a. die *Verantwortlichkeit*. In seinem Buch „Prinzip Verantwortung" warnt Hans Jonas vor einem „erbarmungslosen Optimismus" (Jonas 1980), bei dem utopisches Vertrauen in den künftig glücklichen Menschen gepaart werde mit Misstrauen gegenüber dem gegenwärtigen Menschen, bei dem das Unzulängliche des Menschseins ausgeklammert werde (Jonas 1980, 386). Verantwortung für den Menschen setze die Sorge um das stets verletzliche und bedrohte Leben des Anderen voraus, d. h., neben der Hoffnung auch das Fürchten um das Heil des Anderen. Dieses aber bedeute keine Negativität als Haltung, sondern Pflicht (Jonas 1980, 392). Ist es nicht, wie der auf seinen Rollstuhl angewiesene Schriftsteller Ulrich Bach in seinem Buch „Boden unter den Füßen hat keiner" schrieb, gerade das Nichtkönnen, das Gebrochene menschlicher Existenz, das auf alle Menschen bindend wirkt? Nur wenn Krankheit und Beschwernisse als etwas menschlich Normales anerkannt würden, könnten sich Menschen mit einer Behinderung oder Krankheit als wirklich zugehörige Menschen begreifen.

In der Ideologie des positiven Denkens ist die Gefahr zu sehen, dass die *Realität* zu kurz kommt. Selbstgefälligkeit und ein bloßer Optimismus können die Fähigkeit herabsetzen, reale Bedrohungen und mögliche Nachteile zu sehen und abzuwehren. Je mehr ein Prinzip überzogen wird, umso mehr erzeugt es auch Widerstand. Die „optimistische Zerrbrille" kann die nötige Wachsamkeit vernebeln und Unheil geradezu heraufbeschwören (Ehrenreich 2010, 19). Es geht um eine Gesellschaft, die nicht alles für machbar hält, und in der sich die Menschen nicht aus der Realität des Unerwünschten in Phantasmen eines zukünftigen „glücklichen Lebens" flüchten. Vielmehr braucht die Gesellschaft eine die Lebenswelt bereichernde Offenheit und Redlichkeit, in der Vertrauen als Voraussetzung gilt für echte Menschlichkeit und Achtsamkeit für die oft versteckten Nöte des Anderen.

Für den Aufbau eines nachhaltig wirksamen inklusiven Schulsystems wird es sicherlich nicht ausreichen, sich nur appellativ auf ein Menschenrecht zu berufen und eine radikale Verwirklichung einer Schule für alle durch Gesetzesmacht einzufordern. Es muss auch Verantwortung für die Wirklichkeit übernommen und damit alle wichtigen Fakten ins Auge gefasst und abgeklärt werden. Nur auf der Basis gegenseitiger Achtung und eines kommunikativen Austausches allseitiger Argumente lassen sich bestmögliche und verantwortbare Lösungen finden. Gegenüber Verklärungen einer *künftigen* Wirklichkeit und angesichts der bisherigen Erfolge in Richtung Integration / Inklusion ist vielmehr ein „rationaler Optimismus" gefragt (Ridley 2010). Zu diesem gehört auch Skepsis. Die amerikanische Journalistin Barbara Ehrenreich hat in ihrem Buch ihrer Kritik zur Ideologie des „positiven Denkens" das Motto vorangestellt: „An alle kritischen Geister: Dreht den Ton lauter!" (Ehrenreich 2010). Ehrenreichs Buch trägt den Untertitel: „Wie die Ideologie des positiven Denkens die Welt verdummt." Die Autorin betont ausdrücklich, dass sich ihre Kritik *nicht gegen das positive Denken an sich* richtet, also an ein positives Denken, wie es Menschen zu allen Zeiten und in allen Kulturen als Zuversicht, Zufriedenheit, Hoffnung oder Selbstvertrauen kennen, und das nachweislich positiven Einfluss auf Gesundheit und Lebenserwartung haben kann. Kritisch sieht Ehrenreich hingegen die Absolutsetzung des positiven Denkens verbunden mit einem strikten und bewussten Ignorieren unangenehmer (negativer) Begleiterscheinungen des Lebens: „Die Praxis positiven Denkens ist der Versuch, uns trotz aller Beweise des Gegenteils im rechten Glauben zu stärken" (Ehrenreich 2010). Das erfordere „eine bewusste Selbsttäuschung sowie das unablässige Bemühen, unerfreuliche Ereignisse und ‚negative' Gedanken auszublenden oder zu verdrängen" (Ehrenreich 2010, 14). Dabei gelte es, Zuversicht zu wecken, Zweifel zu zerstreuen und unerbittlich optimistisch zu sein. Einwände und Jammern seien ebenso verboten wie ein „Herumanalysieren". Das Schönreden unerwünschter Fakten kann allerdings bewirken, dass echte Gefühle, wie innere Auflehnung und Angst, geleugnet werden müssen. Das strikte Verbot, über „Leiden" zu reden, erscheint den Betroffenen als unsensibel, vorgetäuscht und inadäquat. Es wird z. B. von Eltern, die ein Kind mit Behinderung versorgen, als unwillkommener Versuch empfunden, die damit verbundenen außergewöhnlichen Belastungen und Herausforderungen, die es zu bewältigen gilt, herunterzuspielen (Ehrenreich 2010, 52f.). Im Grunde handele es sich um einen „gigantischen Manipulationsversuch" (Ehrenreich 2010, 135).

Der deutsche Psychotherapeut Günter Scheich hatte sich schon 1997 in ähnlich kritischer Weise zum positiven Denken, zumal dem in den USA praktizierten, geäußert. Sein Buch „Positives Denken macht krank" trägt den Untertitel „Vom Schwindel mit gefährlichen Erfolgsversprechen" (Scheich 1997). Das positive Denken sei „eine ausgesprochen totalitäre Methode", die den Menschen in die Verkrampfung führe, sich einem Motto zu unterwerfen, das nicht zu realisieren ist. Es handele sich um eine „Diktatur des optimistischen Denkens, um die Diktatur der Ideale und des Erfolgs, des Könnens und des Gutseinmüssens" (Scheich 1997, 22). Es sei viel Phantasie im Spiel und es werde ständig gegen alle Lebenserfahrung argumentiert. Es seien Heilsbotschaften, die den Menschen geradezu das Paradies auf Erden verheißen. Was deren übliche Lebensprobleme betrifft, so lautet „die alleinseligmachende Botschaft": „Verdränge sie! Tu so, als ob es sie gar nicht gäbe! Tu so, als sei alles gut, dann ist es auch so" (Scheich 1997, 107). Diese Einstellungen sind auch in der Diskussion zum Thema „Inklusion" zu finden. Wer es wagt, Probleme des Inklusionskonzeptes anzusprechen, muss damit rechnen, als Abweichler aus der Diskussion ausgeblendet zu werden. Es besteht auch die Gefahr, dass bei einer ideologisch abhängigen Forschung primär die Bestätigung dafür gesucht wird, was als Idee vertreten wird.

Diese kritischen Anmerkungen zu einer überzogenen Interpretation des positiven Denkens richten sich nicht gegen das *Prinzip* der Integration/Inklusion an sich. Vielmehr sollte deutlich werden, dass dieses Prinzip durch Überzeichnungen gefährdet werden kann. Es ist daher nötig, die Schwachstellen, vor allem den eigenen „blinden Fleck", kenntlich zu machen, und die eigenen Argumente in Frage stellen zu lassen. Zweifel, dass hierzulande „eine Schule für alle ohne Ausnahme" komplett machbar sei, wenn man nur genügend daran glaube, und dieses Sehnsuchtsziel *unbeirrt von Einwänden* einfordere, sind berechtigt. Das Gleiche gilt auch für den Glauben an die dazu nötige *inklusive Gesellschaft*.

Wie noch näher auszuführen sein wird, zeigen überdies *soziologische Analysen*, dass sich die Gesellschaft mehr in Richtung einer „Gesellschaft der Singularitäten" bewegt (Reckwitz 2018) — jedenfalls in der Mittel- und Oberschicht. Diese prägt sich vor allem in eine „singuläre Authentizität" aus und es findet insgesamt keine Annäherung an verbindende universelle Werte, etwa an eine soziale Normativität, statt. Jedenfalls ist die gegenwärtige Entwicklung der Gesellschaft in zunehmendem Maße von nur schwer überbrückbaren Aufspaltungen, z. B. einer kaum mehr zu bewältigenden Vielfalt an politischen Gruppierungen, Einstellungen, Interessen, Theorien, Institutionen (Schulen) und Forderungen, geprägt. Diese systemische Komplexität lässt sich nicht ignorieren und auch nicht ohne Weiteres von oben regulieren. Systemtheoretisch gesehen kann kein gesellschaftlicher Teil mit seinen partiellen Interessen die gesamte Gesellschaft bestimmen. Es wird sehr darauf ankommen, bei allem Optimismus die Dinge auch so zu sehen, wie sie sind, d. h., nicht nur geschönt durch subjektive Wunschvorstellungen, sondern möglichst intersubjektiv nachvollziehbar. Erst so wird es möglich, Risiken und Chancen zu erkennen. Dies setzt aber ein offenes und faires Zusammenwirken aller Beteiligten voraus. Die wissenschaftliche Analyse muss erfolgen und beachtet werden, um die vielfältig gewordene Wirklichkeit möglichst auch zu objektivieren.

2.4 Diskriminierung der Förderschulen

Ein Hauptargument für die unzutreffende Behauptung, die speziellen Schulen verstießen gegen ein Menschenrecht, bildet die These, sie seien diskriminierende Einrichtungen, weil sie Schüler ausgrenzten. Der kritische Akzent liegt auf dem Begriff „ausgrenzen". Historisch gesehen war eine Schulbildung für alle, also auch für „blinde, taubstumme und geistesschwache" Kinder, anfangs nur durch die Errichtung besonderer Schulen innerhalb des allgemeinen Schulsystems möglich. Es war also eine *Eingliederung* in das Schulwesen und damit ein humaner Akt. Die Errichtung der „Schule für geistig Behinderte" in den 1960er Jahren galt ebenfalls nicht als Akt einer *Ausgrenzung*, sondern als Erfüllung eines *Integrationsgebotes*. Damit soll nicht das Faktum verdrängt werden, dass dieser Akt in sozialer Hinsicht als „Aussonderung" interpretiert und auch pädagogisch als Manko angesehen wurde (Speck 2008).

Ein ausgesprochen kritisches Gewicht erhielt das Diskriminierungsargument Anfang der 1970er Jahre. Der Grund dafür lag in der damals einsetzenden Expansion des Sonderschulwesens, die in Verbindung mit dem zu dieser Zeit forcierten Ausbau des primär auf Leistung ausgerichteten Schulwesens stand. Damals wurde auch der Ausschuss „Sonderpädagogik" des Deutschen Bildungsrates gegründet, mit der Maßgabe, Schüler mit einer Behinderung möglichst in allgemeinen Schulen zu unterrichten. Der *Inklusionsgedanke* verstärkte dann seit 2009 die Ablehnung diskriminierender Aussonderungen.

In *rechtlicher Hinsicht* war die Frage, ob Sonderschulen diskriminierende Einrichtungen sind, schon im Anschluss an die Änderung des Grundgesetzes geklärt worden. In diesem Zusammenhang wurde Artikel 3, Abs. 3 Grundgesetz durch den Satz ergänzt: „Niemand darf wegen seiner Behinderung benachteiligt werden." Mit dem Beschluss des Bundesverfassungsgerichtes vom 30. Juli 1996 wurde klargestellt: Die Einweisung eines Kindes mit einer Behinderung in eine Sonderschule stellt keinen Verstoß gegen die Verfassungsnorm des Art. 3, Abs. 3 Grundgesetz dar. „Selbstverständlich", so Jochen Abr. Frowein, Direktor des Max-Planck-Instituts für ausländisches Recht und Völkerrecht in Heidelberg in seinem Gutachten, verbiete „die neue Verfassungsnorm […] nicht besondere Förderungseinrichtungen für Behinderte", auch wenn „wegen der Natur der spezifischen öffentlichen Erziehung zum Schutz des Behinderten" eine gewisse „Benachteiligung unvermeidlich" sein könne (Frowein 1996). Dies entspricht auch der UN-BRK, in der es in Artikel 5, Absatz 4, heißt, dass „besondere Maßnahmen […] zur Beschleunigung oder Herbeiführung der tatsächlichen Gleichberechtigung von Menschen mit Behinderungen" nicht als Diskriminierung gelten (UN-Behindertenrechtskonvention 2008).

Trotz dieser rechtlichen Klärung behielt der Diskriminierungsvorwurf in der Inklusionsdebatte sein Gewicht. Er wurde auch mit dem ebenfalls belastenden Begriff „*Selektion*" in Verbindung gebracht: Förderschulen werden als *selektierende* Einrichtungen bezeichnet und damit diskreditiert. Dieser Begriff ist dadurch schwer belastet, dass er ursprünglicher politisch für „Zuchtwahl" oder „Ausmerze der Schwachen" benutzt wurde. Bei dieser Vergangenheit des Begriffes sollte er heute nicht mehr verwendet werden. Dies hatte schon 1981 der bekannte Erziehungswissenschaftler Helmut Fend gefordert: Ein differenziertes Schulsystem sei kein „selektierendes" System, kein „Rüttelsieb", um schwächere Schüler auszusondern (Fend 1981, 32).

Auch von soziologischer Seite wurden Differenzierungen in *Lerngruppen* gemäß den individuellen Lernfähigkeiten oder Lerninteressen der Schüler in jedem Schulsystem als legitim angesehen (Luhmann, Schorr 1979, 226). Dies gelte im Besonderen dann, wenn es sich um Schulen handelt, die für die betroffenen Personen eine notwendige *inkludierende Funktion* hätten (Farzin 2006). In diesem Falle seien soziale Ablehnung und Benachteiligung nicht als Exklusionen, sondern als *Inklusionseffekte* zu betrachten. Dies bedeute, dass hier der Begriff „Exklusion nicht zur Bezeichnung sozialer Ungleichheitslagen verwendet werden" könne (Farzin 2006, 112). Förderschulen sind demnach keine *ausgrenzenden* Schulen. Damit erscheint auch der generelle Vorwurf, das deutsche Schulwesen sei schlechthin vom „Konstrukt" bzw. der „Fiktion" „homogener Lerngruppen", also von „Selektion", geprägt und stehe damit strukturell im Widerspruch zum Inklusionsmodell (Werning 2010), als überzogen. Auf den belasteten Begriff „Selektion" sollte daher in der pädagogischen Diskussion endgültig verzichtet werden.

Mit der dargelegten Argumentation gegen die forcierte Diskriminierung der Sonderschulen im Zusammenhang mit der Verabschiedung der UN-BRK soll aufgezeigt werden, dass *kein objektiver Grund* für die damit einhergehende Diffamierungskampagne vorlag. Es war vielmehr die bewusste Instrumentalisierung eines Vorurteils zugunsten der Propagierung einer Vollinklusion, d. h. der Abschaffung der Sonderschulen, zumal zum Zweck einer kostengünstigen Finanzierung. Damit soll auch deutlich werden, dass es neben der *institutionellen* Diskriminierung (Sonderschulen als „unverdünnte Hölle") und der *strukturellen Diskriminierung* (Sonderschulen grenzen Kinder aus) auch das *subjektiv* bewusste Diskriminieren von Institutionen gibt, z. B. aus politischen Zwecken. „Wer einen Wunsch nach Diskriminierung hat, lässt sich nicht von Fakten bekehren; er will gar nicht ‚objektiv' sein" (Bolz 2009, 138).

Als echtes Diskriminierungsproblem in der Schule wäre heute eher das verbreitete *Mobbing*, ein aggressives verbales Herabsetzen und Verletzen von Schülern durch andere Schüler, anzusprechen, und über dessen Verbreitung in *allen* Schularten geklagt wird.

Nach einer internationalen PISA-Studie der OECD von 2017 wird in Deutschland fast jeder sechste 15-Jährige regelmäßig Opfer von teils massivem Mobbing an seiner Schule. Zu den Mobbingopfern gehören generell Schüler, die sich durch bestimmte Merkmale von anderen Schülern abheben, und zwar nicht nur durch eine Behinderung, sondern auch durch Sprache, einen abweichenden Sozialstatus oder äußere Auffälligkeiten in der Kleidung, Frisur oder im Verhalten. Nach einer Schulklimabefragung des Pädagogischen Instituts der Stadt München an städtischen Realschulen, Schulen besonderer Art, Gymnasien und beruflichen Schulen 2018 würden 25 bis 43% aller Schüler wegen ihres Aussehens, einer Erkrankung, einer Behinderung oder ihrer sexuellen Identität ausgegrenzt (Wohlkinger 2018). Das heißt, das Problem der persönlichen Diskriminierung und Ausgrenzung wird nicht dadurch gelöst, dass die Sonderschulen als vermeintliche Orte von Demütigung und Herabsetzung durch allgemeine Schulen ersetzt werden.

Außer Acht bleibt auch die Tatsache, dass es für die *Eltern* von Kindern mit Behinderung heute offensichtlich keine unerträgliche Diskriminierung darstellt, wenn sie nach wie vor in der überwiegenden Mehrheit ihre Kinder bewusst speziellen Schulen anvertrauen. Unterschiede bei Schulleistungen können hingegen Stigmatisierungen auslösen, zumal in einer Schule, die immer stärker als *Leistungsschule* gefordert wird. Es gibt also keine Gewähr dafür, dass in der inklusiven Regelschule jeder Schüler „willkommen" ist.

Zusammenfassend lässt sich festzustellen: Die Förderschulen bzw. Förderzentren verletzen als Institution kein Menschenrecht und keine Menschenwürde, sonst wäre eine Warnung vor diesen Schulen in der UN-BRK verankert worden. Im Gegenteil: Sie „garantieren ein Menschenrecht", so Heiner Bielefeldt, ehemaliger Direktor des Deutschen Instituts für Menschenrechte (Bielefeldt 2010, 67). Sie dürfen also nicht zugunsten anderer Schularten minder bewertet, von nötigen Investitionen ausgenommen und als demnächst überflüssig stigmatisiert und damit in ihrer Qualität herabgesetzt werden.

2.5 Absage an eine eigene wissenschaftliche „Sonderpädagogik"

Die seit den 1970er Jahren verbreitete Ablehnung der „Sonderschulen" schloss auch die Forderung ein, die „Sonderpädagogik" als eigenes *wissenschaftliches Fach* aufzuheben (Speck 1990). Schon 1980 hatte aus der Sicht einer gesellschaftspolitisch orientierten „Sonderpädagogik" Wolfgang Jantzen eine spezielle Pädagogik für überflüssig erklärt. Es genügten allgemeine Pädagogik und Therapie (Jantzen 1980). Weil es keinerlei psychische Besonderheiten in der Tätigkeit behinderter und psychisch kranker Menschen gebe, die nicht aus der Lebenssituation als Ganzes heraus zu begreifen wären, sei ein spezielles wissenschaftliches Fach, das sich mit Entwicklungsstörungen und Sozialisationsprobleme zu befassen hätte, aufzuheben. Folgerichtig sei eine spezielle Pädagogik abzuschaffen zugunsten einer „Reintegration in die Allgemeine Erziehungswissenschaft", d. h. einer Synthese, die als „Integrationspädagogik" zu verstehen sei (Eberwein 1988, 344). Diese Forderung implizierte ganz konkret die Auflösung der „separierten Institute für Sonderpädagogik" und die Abschaffung der Sonderschullehrer-Ausbildung (Eberwein 1988, 343) zugunsten einer gleichen Lehrerbildung für alle (Eberwein 1988, 50). Und was bestimmte Funktionsstörungen eines Kindes betrifft, so verheiße *Therapie* eine „neue Qualität", im Gegensatz zu einer Sonder- oder Behindertenpädagogik, die Behinderung und soziale Isolation selbst erzeuge. Diese „neue Qualität" könne ein Pädagoge nur verwirklichen, wenn er sein Selbstverständnis „allein aus seiner gesellschaftspolitischen Verpflichtung heraus" gewinne (Feuser 1980, 66–68). Eine Pädagogik für Kinder mit einer Behinderung sei in erster Linie die Praxis einer Erziehungswissenschaft, die sich als Gesellschaftswissenschaft versteht (Feuser 1980, 67). Was die genannte zusätzliche Therapie betrifft, so handelt es sich dabei um zusätzliche Techniken, bei denen Feuser auch von „Praxen anderer Fächer" spricht und im Besonderen Verhaltenstherapie und Spieltherapie nennt.

Der Inklusionsschub seit 2008 hat diese Zielvorstellung verabsolutiert: Der Begriff „inklusives Schulsystem" wurde nur auf allgemeine Schulen bezogen. Schon 2009 hatte Andreas Hinz die Frage gestellt, ob wir nun nicht vor einem „Ende der Sonderpädagogik" stünden (Hinz 2009). Jedenfalls müsste sie, insofern sie sich ausschließlich „über eine spezifische Klientel" von Schülern definiere, ihre Legitimation verlieren, da „Inklusion die gedankliche Aufspaltung in Gruppen ausschließt" (Hinz 2009, 173). Da Hinz gleichzeitig betont, dass eine solche Unvereinbarkeit nur dann gegeben sei, wenn die Sonderpädagogik sich selbst nur als „Sonderschulpädagogik" definiere (was vielfach geschehen ist), so könne eine „Sonderpädagogik" auch weiterbestehen, wenn eine „sonderpädagogische" Förderung für eine spezielle Klientel innerhalb des Inklusionsmodells praktiziert werde. – Wäre die Gelegenheit nicht günstig, auf den umstrittenen Begriff „Sonderpädagogik" bzw. auf „sonderpädagogisch" zu verzichten und ihn z. B. durch den institutionsunabhängigen Begriff „Heilpädagogik" zu ersetzen? Die Distanzierung der Inklusionsbewegung vom einer auf Sonderschulen bezogenen „Sonderpädagogik" ist jedenfalls unverkennbar.

Hinter dem „Verdrängen" des Wortteils „Sonder" steht die an sich verständliche Absicht, sprachlich alles zu vermeiden, was ein Kind mit einer das Lernen hemmenden Beeinträchtigung stigmatisieren könnte. Das pädagogische Ziel ist die *unbedingte* Anerkennung der Vielfalt kindlicher psychophysischer Lebensbedingungen im Sinne der allen Menschen in gleicher Weise zukommenden Achtung der Menschenwürde. Dieses auch gesellschaftspolitisch begründete Streben hat den Inklusionsgedanken zwar in hohem Maße beflügelt, es ist aber aus heilpädagogischer Sicht zu fragen, ob die Akzeptanz von Vielfalt *genug* sei. Mit dem ideologischen Verdikt gegen jegliche „Defizitorientierung" und einer Reduzierung von „Sonder"- oder Heilpädagogik auf „Normal-Pädagogik" oder „Inklusionspädagogik" ist auch ein Verzicht auf eine *spezifische Terminologie* und auf *spezielle Theorien und Methoden* verbunden. Ein fragwürdiger Verzicht, da ein wissenschaftliches Fach sich erst durch diese Begriffe manifestiert. Wenn alles „Negative" (Behinderte, sonderpädagogisch etc.) als diskreditierend zu verstehen wäre und die Differenz, durch die sich das Fach als spezielle Pädagogik z. B. von anderen pädagogischen Teilfächern unterscheidet, eingeebnet würde; wenn sie in einer allgemeinen Pädagogik aufgehen sollte; wenn es keine eigene professionelle Qualifikation für Sonder- oder Heilpädagogen in der Schule mehr gäbe, sondern „alle Lehrer aller Schultypen für die neue Schule für alle und ihren Teamunterricht ausgebildet werden und lernen, auf unterschiedliche Fähigkeiten und Bedürfnisse der Kinder einer Klasse einzugehen" (Lebenshilfe Österreich 2010, 3), verlöre sie als wissenschaftlich begründetes Fach tatsächlich ihren Boden und ihre Bedeutung. Zu fragen wäre dann nach den Folgen eines solchen Verzichts für die Praxis.

Bezeichnend ist u.a. die Tatsache, dass in der Inklusionsdebatte meines Wissens kein Wissenschaftler der Sonderpädagogik als Gutachter in Fragen des Schulbesuchs von Kindern mit Behinderung herangezogen wurde. Das bedeutet, dass die Realisierbarkeit des Inklusionsprojektes allein aus der Sicht der „allgemeinen Pädagogik" begutachtet wurde, nicht aber unter dem Aspekt professionell differenzierter Erkenntnisse und Erfahrungen mit Kindern und Jugendlichen mit spezifischen Lern- und Verhaltensproblemen.

Es gibt auch wenig Anzeichen dafür, dass sich die *allgemeine Erziehungswissenschaft* der neuen Aufgabe der schulischen Inklusion aktiv annähme. Dies könnte viel mit der Neuheit der implizierten pädagogischen Fragestellungen und den Problemen zu tun haben, aber auch damit zusammenhängen, dass das neu ausgerichtete Nachfolgefach „Inklusionspädagogik" allzu sehr auf ideologisch-programmatische Zielorientierungen ausgerichtet ist. Auffallend ist auch, dass sich die entstandene Problemsituation vor allem auf das Fach der *schulisch orientierten „Sonderpädagogik" bezieht, nicht aber auf die (außerschulische)* *Heilpädagogik.* Sie hat keine vergleichbaren Identitätsprobleme.

Es spricht nicht gerade für den Wert eines wissenschaftlichen Faches, wenn es seinen Schwerpunkt weithin auf ideologisch begründete Zielorientierungen legt. Kritisch zu betrachten ist dabei, dass sich ein solches wissenschaftliches Fach kaum mit Erkenntnissen anderer Fächer auseinandersetzt, z. B. mit kritischen Erkenntnissen der *Soziologie* zum Thema „Inklusion und Exklusion", oder mit sozialpsychologischen Befunden einer neuen, latenten Behindertenfeindlichkeit (Cloerkes 2001), oder mit verbreiteten *Ökonomisierungstendenzen* (Nutzenorientierung, Leistungseffizienz), oder mit *medizinischen Be-*

funden zur Entstehung und Therapie von Behinderungen oder mit eugenisch-biologistischen Strömungen, hinter denen die Vorstellung einer „Welt ohne Behinderte" sichtbar wird (Speck 2005).

Die Reduzierung des sonderpädagogisch Relevanten ist im Besonderen an Vorschlägen erkennbar, das *Studium der Sonder-, Rehabilitations- oder Heilpädagogik* grundlegend umzugestalten und zwar in der Weise, dass es kein eigenes Studium dieser Fächer mehr geben soll und stattdessen *alle Lehramtsstudiengänge* (!) jeweils nur Grundkenntnisse des inklusionspädagogisch Wichtigen enthalten sollten (Vorschlag der Lebenshilfe Österreich 2010). Schon 2001 hatte das Land Brandenburg im Sinne des Grundsatzes „Eine Schule für alle" das gerade erst errichtete eigene Lehramtsstudium für sonderpädagogische Fachrichtungen abgeschafft. Angeboten wurden nun lediglich Einführungskurse über den Umgang mit Kindern mit einer Behinderung. Als Folge trat ein empfindlicher Mangel an Sonderpädagogen ein, sodass das einst abgeschaffte Lehramtsstudium der Sonderpädagogik inzwischen wieder eingeführt werden musste. An sich galt bisher die Notwendigkeit von „Sonderpädagogen" innerhalb des Inklusionsmodells als anerkannt. Es könnte sie aber überhaupt nicht mehr geben, wenn für diese keine spezielle Ausbildung bereitgestellt wird. Im Übrigen könnte die qualitativ reduzierende Gleichstellung aller Lehrämter auch zu einem Verlust an wissenschaftlich begründetem Know-how und in der schulischen Wirklichkeit zu einem Schrumpfen der pädagogischen Bedeutsamkeit einer Behinderung und der Verantwortung für eine entsprechende spezialisierte pädagogische Förderung führen.

Auffallend ist, dass es vor allem *Hochschullehrer* der „Sonderpädagogik" waren, die begannen, sich für ein Ende der „Sonderpädagogik" als Konsequenz der Integrationspädagogik einzusetzen und als Zielvorstellung die Idee „Eine Schule für alle!" zu vertreten (Hinz et al. 2010), also nicht so sehr praktizierende Lehrkräfte der Sonderschulen und schon gar nicht der allgemeinen Schulen. Den Hauptgrund bildete die durch die schulische Besonderung bedingte soziale Trennung der Schüler. Gefordert wurde stattdessen ein differenzierter *Umgang mit Verschiedenheit* in gemeinsamen Schulsystemen. Da *alle* Kinder die gleichen Rechte hätten, jedoch *alle* Kinder auch individuell verschiedene Bedürfnisse hätten, ergäben sich daraus nur verschiedene besondere Bedürfnisse für *jedes* Kind im Rahmen von Vielfalt. Aus dieser Sicht löse sich der „Gegenstand" auf, auf den „Sonderpädagogik" gerichtet sei. Zuständig werde vielmehr eine differenzierte und integrative Allgemeine Pädagogik (Feuser 1989).

Offen bleibt bei dieser einseitigen Zuweisung einer so komplexen und zugleich differenzierten Aufgabe an die *Allgemeine Pädagogik*, ob sie diese Aufgabe überhaupt leisten kann, da es sich ganz offensichtlich um eine *Paradoxie* handelt. Schließlich befasst sich die Allgemeine Pädagogik mit Theorien und Praktiken der Pädagogik im Allgemeinen, nicht aber mit Spezialfragen der Erziehung und Förderung, wie es zum Beispiel die Pädagogische Psychologie oder die Psychotherapie als selbstverständliche Aufgabe betrachtet. Es ist wissenschaftlich nicht nachvollziehbar, warum es dann nicht auch eine Pädagogik für besondere Aufgabenstellungen geben soll, die sich etwa aus einer Entwicklungsstörung oder einer Behinderung ergeben. Eine *Allgemeine Pädagogik*, die für allgemeine oder gar sämtliche Fragen und Probleme von Erziehung zuständig wäre, kann es nach dem heutigen Stand der Wissenschaft und ihrer unvermeidlichen Spezialisierung nicht mehr geben.

Im Übrigen ist auch die Allgemeine Pädagogik nur ein *Teilfach* der Pädagogik oder Erziehungswissenschaft neben einer ganzen Reihe anderer pädagogischer Teilfächer, wie etwa Familienbildung, Erwachsenenbildung, Berufsbildung, Sozialpädagogik, Medienpädagogik, Gesundheitserziehung, Kunst- und Kulturpädagogik, Musikpädagogik oder Religionspädagogik. Diesen Teilaspekten von Pädagogik gegenüber bezieht sich eine Allgemeine Pädagogik per Definition gezielt auf *Allgemeines*, auf allgemeine Fragen der Erziehungswissenschaft, so vor allem auf Grundbegriffe und Felder pädagogischen Handelns (Krüger, Helsper 1995). In der Inklusionspädagogik ergeben sich aber besondere Aufgabenstellungen, allein aus der Tatsache, dass diese es *definitiv* mit der unterrichtlichen und erzieherischen Gemeinsamkeit von „behinderten" und „nicht behinderten" Kindern zu tun hat, also zwei pädagogisch zu unterscheidenden Kategorien. Wenn diesem speziellen Aspekt entgegengehalten wird, dass die „Behinderung" von Kindern in einer inklusiven Klasse keine besondere Rolle spiele, sondern vielmehr Teil der Vielfalt sind und in ihrer Individualität ebenso unterschiedlich wie „nicht behinderte"

Kinder gesehen und behandelt werden, dann bedeutet dies, dass Behinderungen des Lernens keinen Grund für besondere pädagogische (Förder-)Maßnahmen darstellen. Die Konsequenz wäre, daraus keine besonderen pädagogischen Folgerungen abzuleiten, obwohl für diese Kinder allgemein ein besonderer (ein „sonderpädagogischer") Förderbedarf als anerkannt gilt und z. B. in der Statistik eine besondere Rolle spielt.

Als wissenschaftliche Begründung für eine inhaltliche Gleichsetzung von *Sonder- oder Heilpädagogik* mit *Allgemeiner Pädagogik* wurde u. a. eine bekannte Aussage des Zürcher Heilpädagogen Paul Moor verwendet. Diese findet sich in dessen 1958 erschienenem Buch „Heilpädagogische Psychologie": „Heilpädagogik hat zunächst kein anderes generelles Ziel als die Pädagogik überhaupt. Auch Heilpädagogik ist Pädagogik und nichts anderes" (Moor 1958, 12). Moor wies auf die auf „Heilung" gerichtete Tätigkeit von *Arzt und Therapeuten* hin und darauf, dass sich das Erziehungsziel der Heilpädagogik davon abhebt. Er hielt „Heilpädagogik" durch „Pädagogik" keineswegs für austauschbar, sonst hätte er auf den Namen „Heilpädagogik" verzichten können. In seiner „Heilpädagogik" betonte er ausdrücklich, dass die *Grundlagen* dieses Faches zwar „dieselben (seien) wie in der Normalpädagogik" (Moor 1965, 273). Das, was das *Spezielle* einer Heilpädagogik als Fach begründet, kennzeichnet und von der Allgemeinen Pädagogik abhebt, sei ihr spezieller Bezug auf „erschwerende Bedingungen", d. h. auf psycho-physische „Gegebenheiten", die das Erreichen des Erziehungsziels erschweren und behindern können (Moor 1965, 273). Diese psycho-physisch bedingten Behinderungen oder Schwächen, etwa des Sehens, Hörens, der Sprache, der sozio-emotionalen oder geistigen Entwicklung sowie der Bewegung aber verweisen die Heilpädagogik zudem auch auf *andere Wissenschaften*, z. B. die Medizin mit ihren Teilfächern.

Es sollte nicht übersehen werden, dass Moor seinem zweibändigen Werk 1958 den Titel „Heilpädagogische *Psychologie*", also nicht „Heilpädagogik", gegeben hat! Moor kam es vor allem darauf an, dass „Heilpädagogik" als spezielle Pädagogik und *nicht als medizinisches Fach* gilt. Sie war immerhin von dieser Seite auch als „angewandte Psychopathologie" oder Psychiatrie, also als ein Anhängsel der Medizin angesehen worden. Das interdisziplinäre Grundlagenwissen aus anderen Wissenschaften bildet also zusammen mit dem fachspezifisch-pädagogisch maßgebenden Leitwissen den Fachkomplex „Heilpädagogik". Ohne dieses Grundlagenwissen wäre ein real und auch wissenschaftlich begründetes heilpädagogisches Verstehen und Handeln nicht möglich. Bei einem Verzicht auf den interdisziplinären Fachkomplex „Heilpädagogik" droht die Gefahr, dass er im Gewoge der gesellschaftlichen und wissenschaftlichen Vielfalt und Akzente seine reale und spezielle Bedeutung sowie seine Beachtung einbüßt oder verliert.

Damit wird deutlich, dass Heilpädagogik Erkenntnisse und Methoden anderer Fächer, wie der Medizin, Psychologie, Soziologie, Philosophie und anderer braucht, um die eigene, die pädagogische Zielsetzung fundieren zu können. Dabei ist die Angewiesenheit auf andere Wissenschaften − vor allem unter dem Aspekt der Einheit aller Wissenschaften, aber auch der ganzheitlichen Verwirklichung von Menschlichkeit − an sich nichts wissenschaftlich Besonderes. Kein Einzelfach ist völlig autonom. Es ist plausibel, dass ein Lehrer ein Kind mit Behinderung nur dann verstehen und entsprechend pädagogisch unterstützen kann, wenn er über diverse Kenntnisse hinsichtlich seiner psycho-physischen Bedingtheit verfügt, die aus anderen Fachdisziplinen stammen, die er natürlich aus Sicht heilpädagogischer Förderung auszuwerten und anzupassen hat. „Heilpädagogik" als „spezielle Pädagogik" stellt also ein komplexes und interdisziplinär ausgerichtetes Fach dar, das sich nicht auf bloße Pädagogik reduzieren lässt. Insgesamt entsteht bei den neuen Perspektiven und Konstruktionen der Eindruck, es gehe primär darum, das Neue dadurch zur Geltung zu bringen, dass es vom Bisherigen möglichst gründlich abgehoben wird. Zieht man einen Vergleich mit der Medizin, zeigt sich, dass Fachmedizinen die Bedeutung bewährter Spezialisierungen zur Behandlung spezifischer Krankheiten haben und als unbestreitbar nötig gelten. Die interfachliche Kooperation der Spezialisten gewinnt heute immer mehr Bedeutung.

Das mögliche Ende einer „Sonderpädagogik" dürfte aber nicht nur in *wissenschaftlicher* Hinsicht Probleme erzeugen, sondern sich auch nachteilig auf die *besondere Förderung der Schüler* auswirken. Diese war jedem Kind mit einem besonderen Förderbedarf zugesichert worden und zwar in der Weise, dass kein Kind mit Behinderung durch den gemeinsamen Unterricht in seiner Entwicklung und seinem Lernen Schaden nehmen dürfe. Die Qualität dieser besonderen Förderung gegenüber derjenigen in den speziellen Schulen dürfe nicht minderwertig sein. Eine Minderung der Qualität kann aber eintreten, wenn für eine professionelle heilpädagogische Förderung kein entsprechendes wissenschaftlich begründetes Fach, das speziellen Fragestellungen in *eigener Forschung* nachgeht, mehr existiert. Diese Notwendigkeit entfiele, wenn lediglich propädeutische Einführungskurse im Rahmen der Allgemeinen Pädagogik als ausreichend empfohlen werden: Eine *Heilpädagogik light*? Diese Gefahr wird dadurch noch verstärkt, dass die Bildungsziele der sozialen „Teilhabe" und der Vermeidung alles Speziellem im Vordergrund stehen. Die strittige Diskussion und die gegenwärtige Praxis an inklusiven Regelschulen zeigen deutlich, dass die Gefahr einer *Verkürzung der besonderen pädagogischen Förderung* durchaus besteht. Allein ein Terminus wie „Unterstützungsbedarf", der an sich nichts qualitativ Besonderes als spezielle Qualifikation einfordert und auf eine große Zahl von Schülern anwendbar ist („Nachhilfe"), zeigt, dass es sich eher um etwas pädagogisch Beiläufiges handeln soll, was keiner besonderen Lehre und Forschung in einem bestimmten Studiengang bedarf. Diese qualitative Minderung kommt u. a. auch in der sich ausbreitenden Forderung nach Dekategorisierung zum Ausdruck, d. h. im Verzicht auf eine bisher wissenschaftlich differenzierende heilpädagogische, rehabilitationspädagogische oder „sonderpädagogische" Terminologie sowie auf eigene Förderungsschwerpunkte und -grade. Diese Entwicklung führe zu einer „Trivialisierung von Behinderung und Absenkung des Förderniveaus" (Ahrbeck et al. 2018, 226f.).

Vielfach wird diese Position mit dem Argument gestützt, ein *Defizitdenken* sei nicht mit dem Inklusionsprinzip zu vereinbaren, ein Argument, das vor allem der in Deutschland vielzitierte britische Pädagoge Mel Ainscow vertritt. Nach dessen Auffassung ist einzig die Überwindung jeglichen Defizitdenkens die Voraussetzung dafür, dass Kinder ihre Lernschwierigkeiten meistern und aktive Lerner werden. Der britische Psychologe und Vertreter der Spezial Needs Education an der University of Exeter, Brahm Norwich, weist diese Position als unhaltbar zurück. Aus seiner Sicht ist der von Ainscow radikal abgelehnte und zum ideologischen Schlagwort gewordene

„Defizitansatz" inhaltlich überzogen, herablassend und erniedrigend (Norwich 2013, 82).

Norwich hat auch aufgezeigt, wie unterschiedlich und zum Teil widersprüchlich die Vorstellungen von der Struktur und Methodik einer „Inklusionspädagogik" sind, und wie intensiv in anderen Ländern über diese Divergenzen diskutiert wird, ohne dass klar würde, welche Grundbestandteile diese haben sollten und wie praktikabel diese sind. Allein die Frage, ob eine Inklusionspädagogik sonderpädagogische Spezialisten braucht, ist umstritten. Das stärkste und zugleich einfachste Argument gegenüber der bisherigen speziellen Pädagogik scheint die Forderung nach deren Abschaffung und deren indiskutable Ersetzbarkeit zu sein. Im Allgemeinen wird dabei der *Gemeinsamkeit* des Schulbesuchs ein primärer Rangwert beigemessen u. a. in Deutschland. Diese Auffassung spiegelt die Vorstellung eines inklusiven Schulsystems wider, das sich als eine „universale Inklusion", d. h. als antagonistisch gegenüber jeder Form von spezialisiertem Unterricht versteht (Norwich 2013, 76). Norwich, der diesen Begriff kritisch aufgreift, und der auch von Ainskow vertreten wird, weist nach, dass eine solche Auslegung der Tatsache der individuell verschieden bedingten Förderungsbedürfnissen zu wenig gerecht wird (Norwich 2013, 82). Die kontroversen Auffassungen zeigen insgesamt, dass die „Inklusionsszene" in grundlegender fachlicher und struktureller Hinsicht von belastender Unbestimmtheit und Unsicherheit beherrscht wird.

2.6 Besondere pädagogische Förderung – ungesichert

Der Sinn und die Notwendigkeit einer speziellen Pädagogik, einer „Sonder-" oder Heilpädagogik, wird traditionell aus besonderen pädagogischen Bedürfnissen eines Kindes abgeleitet. Diese ergeben sich aus bestimmten Lern- und Verhaltensschwierigkeiten, genannt „Behinderungen". Um die Notwendigkeit einer besonderen pädagogischen Förderung im Einzelfall zu dokumentieren und zu legitimieren, ist es erforderlich, diese Bedürftigkeit eigens festzustellen und zu benennen. Als entsprechender Fachterminus gilt die Bezeichnung „sonderpädagogischer Förderbedarf" (SPF). Er war ursprünglich eingeführt worden, um eine schulische Platzierung eines Kindes in einer Sonder- oder Förderschule rechtfertigen zu können. Seit Kinder mit Behinderungen, d. h. Kinder mit einem „sonderpädagogischen Förderbedarf", auch Regelschulen besuchen können, gilt dieser Terminus auch an allgemeinen Schulen. Auf ihm beruht das Recht des Kindes, hier ebenfalls in besonderer Weise gefördert zu werden.

„Behinderungen" des Lernens und der Entwicklung stehen im Allgemeinen in Verbindung mit psychophysischen Disfunktionalitäten, die auch von *medizinischem Belang* sind, z. B. Schädigungen der Sinnesorgane, der Bewegung, der Sprache oder der Intelligenz. Deshalb wurde der Terminus „sonderpädagogischer Förderbedarf" vielfach auf die Bedeutung eines *Defizits* reduziert. Ob damit gleichzeitig der gesamten „Sonderpädagogik" eine „Defizitorientierung" unterstellt werden kann, ist aus Sicht der Praxis strittig. Bedeutsam ist, dass sich eine besondere pädagogische Förderung nicht dominant an einem Defizit auszurichten hat. Das pädagogisch Entscheidende beim Förderbedarf ist das, was das Kind für seine Weiterentwicklung an positiven Möglichkeiten und Lernchancen braucht.

Schon bei der Einführung des Integrationskonzeptes spielte diese Deutung der besonderen pädagogischen Bedürfnisse eine hervorgehobene Rolle. Nicht das Behindernde sollte pädagogisch bestimmend sein, sondern die von *Erziehung und Umwelt* erschließbaren Chancen für die kindliche Entwicklung, vor allem das Erziehungsziel der sozialen Teilhabe oder Integration. In den 1970er Jahren entstand der Slogan: Man ist nicht behindert, sondern wird behindert! bzw. Menschen sind nicht begabt, sondern werden begabt! Dieser Doppelansatz der Entstehung einer Behinderung ist längst Grundlage jeder „Sonder-" oder Heilpädagogik. Von einer alles bestimmenden „Defizitorientierung" dürfte demnach längst nicht mehr die Rede sein. Das Prinzips der *sozialen Teilhabe* hat gegenüber dem bisherigen heilpädagogischen Ansatz von den *besonderen Förderungsbedürfnissen* (Special Needs) ein stärkeres Gewicht erhalten, ohne dass letztere vernachlässigt werden dürften.

Im Inklusionsansatz verstärkte sich diese Loslösung vom Begriff der Defizitorientierung. Im Fokus der inklusiv-unterrichtlichen Planung und Praxis stehen nicht mehr die speziellen Maßnahmen aufgrund besonderer Förderbedürfnisse als Folgen einer Behinderung, sondern deren pädagogische Beachtung wird im Wesentlichen „systemisch" auf soziale Situationen bezogen (Hinz 2009, 174). Damit ist eine Art von Integration der individuellen sonderpädagogischen Förderung in das für die ganze Schulklasse ablaufende Unterrichtsgeschehen gemeint. Der Sinn: Die Schüler mit Behinderung sollen nicht zu Sonderlingen werden, indem immer wieder (aus „sonderpädagogischen Gründen") auf sie „besonders" Rücksicht genommen wird. Dieser „Normalisierungsansatz" ist im Prinzip sinnvoll, die völlige Negierung besonderer individueller Bedürfnisse, wie auch die völlige Individualisierung, wäre aber nicht der einzig richtige Weg. Für das eigene *Selbstgefühl*, für den Erwerb *personaler Identität*, Selbstannahme und Selbstbestimmung ist es für das einzelne Kind mit einer Disfunktionalität wichtig, dass es sich als ein personales Ganzes *mitsamt seinen psychischen und körperlichen Auffälligkeiten* und seinen *besonderen Förderungsbedürfnissen* verlässlich angenommen und unterstützt fühlen kann. D.h. , dass es mit seinen – vielfach verdeckten – Problemen um seine unkonventionelle Psyche und Körperlichkeit nicht sich selbst überlassen wird, die Achtung der Anderen nicht nur ihren unbehinderten Seiten gilt, und es ihnen nicht gleichgültig ist, was ein Behindertsein für den Betroffenen bedeuten kann.

Das Bedürfnis, auf der Basis der psychosomatischen Gegebenheiten sich selbst als eigene Persönlichkeit mit seinem persönlichen Schicksal zu verwirklichen, erlebt ein Mensch mit einer Behinderung nicht nebenbei. *Soziale und personale Identität* stehen miteinander in Wechselwirkung. Dies lässt sich schon bei einem Kleinkind, das alles daransetzt, seine behindernden Funktionen zu überwinden, sich selbst zu helfen und sich als eigene Person zu behaupten, beobachten. Ich habe beispielsweise noch die ersten Kleinkinder mit fehlgebildeten oder fehlenden Gliedmaßen aufgrund einer erworbenen Dysmelie vor mehr als fünfzig Jahren in Erinnerung, die mit großer Zähigkeit und Ausdauer versuchten und lernten, primär selbstständig im Handeln zu werden oder vorhandene Hindernisse für ihre Freiheit zu kompensieren und zu überwinden. Dazu brauchten diese Kinder aber auch spezielle Unterstützung und Hilfe. Das Gleiche gilt für

Kinder, die durch sozio-emotionale Umstände in ihrer Entwicklung behindert *werden*. Ohne passende Hilfen und positive Einstellungen der Anderen haben sie es schwerer, sich von ihren sozio-emotionalen Beschwernissen und Hindernissen psychisch zu befreien und das Behindernde innerlich zu integrieren. Es wäre also irrig zu meinen, das Behindernde und die damit verbundene besondere pädagogische Förderung sei eine Nebensache ohne besondere Bedeutung.

Die hier geäußerte Besorgnis um den Stellenwert der „besonderen pädagogischen Förderung" innerhalb des gemeinsamen Unterrichts bezieht sich u. a. auch auf die Propagierung des Prinzips der *Dekategorisierung*. Dieses besteht darin, dass, um der sozialen Teilhabe willen, alles, was das einzelne Kind mit einer Behinderung oder einer sonstigen Auffälligkeit als ein besonderes Kind typisieren und damit von anderen Kindern abheben könnte, vermieden werden sollte. Gerechtfertigt wurde dieser Ansatz der Nichtbesonderung mit den vielzitierten Leitsätzen: *Es ist normal, anders zu sein*, oder, *Es ist normal, behindert zu sein*. Mit diesen Sätzen wird zwar anthropologisch gesehen eine wichtige ethische Aussage gemacht: Diese Kinder sind Menschen, denen die gleiche Achtung der Menschwürde zukommt wie allen anderen. Sie enthalten aber auch einen zynischen Beigeschmack, denn eine Behinderung ist in Wirklichkeit und vor allem für den Betroffenen durchaus nicht einfach „etwas Normales". Die betroffene Person hat sich die Behinderung nicht gewünscht. Das Empfinden, nicht so zu sein und so handeln zu können wie andere Menschen, kann tief in das Selbstverständnis und die Lebensgestaltung eines Menschen eingreifen und die Selbstannahme beeinträchtigen. Das aber heißt, in der Wirklichkeit empfindet ein Kind mit einer Behinderung sein Behindertsein nicht unbedingt nur als „normal". Eine Einebnung von „behindert" und „normal" bezeichnete der Psychiater A. Finzen (1981) als eine „neue Einfachheit" im Sinne eines Totalitätsanspruchs, der Unterscheidungen als solche einebnet und das Behindernde und vom Einzelnen zu Bewältigende bagatellisiert, indem es für „normal" erklärt wird (Ahrbeck 2012, 110). Es sei hier erneut auf Artikel 24, Absatz 2, der UN-BRK verwiesen, wo es ausdrücklich heißt, dass:

„c) angemessene Vorkehrungen für die Bedürfnisse des Einzelnen getroffen werden;
d) Menschen mit Behinderungen innerhalb des allgemeinen Bildungssystems die notwendige Unterstützung geleistet wird, um ihre erfolgreiche Bildung zu erleichtern."

Mit diesen Anmerkungen soll zum Ausdruck gebracht werden, dass die Absicherung der *besonderen Förderung* ein Problem darstellt, das nicht kleingeredet werden darf, zumal in der gegenwärtigen Situation eines empfindlichen Mangels an Sonderpädagogen. Eine Missachtung oder Ignorierung dieses Problems könnte sich zu einer *Entprofessionalisierung* des Speziellen, des „Sonderpädagogischen", auswachsen – und sich zu einer Minderung oder Disqualifizierung des Inklusionsmodells und damit zu einer verminderten pädagogischen Förderung der betroffenen Kinder entwickeln. Dieses Monitum ist nicht aus der Luft gegriffen, das zeigt einerseits das Beispiel Italien, wo der Verzicht auf Sonderpädagogen als Grundbestandteil des Integrationsmodells angesehen wird, und andererseits das definierte Vorhaben, ein spezielle *Sonderpädagogik-Studium* abzuschaffen.

Zusammenfassend ist festzustellen: Das Faktum einer Behinderung kann pädagogisch nicht nur als eine „Verschiedenheit" wie jede andere Verschiedenheit, etwa Hautfarbe, Körpergröße oder Denkvermögen, gelten. Wenn das, was eine Behinderung für den einzelnen Schüler, seine Entwicklung und sein Lernen bedeutet, pädagogisch beachtet und eine entsprechende Förderung wirksam werden soll, muss diese Behinderung als solche auch direkt erkannt werden, um Kindern eine individuell passende pädagogische Förderung zukommen lassen zu können. Dieses förderliche Beachten einer Behinderung, wie es in Art. 24, 2c, d der UN-BRK als Forderung formuliert ist, darf nicht als vermeintliche „Defizitorientierung" in den Hintergrund gedrängt werden. Es wird also darauf ankommen, dass die kritisierte Einseitigkeit einer „Defizitorientierung" nicht durch eine Einseitigkeit des Prinzips der Inklusivität oder sozialen Teilhabe ersetzt wird.

Aus den genannten Gründen wäre es nicht verantwortlich, der besonderen pädagogischen Förderung gegenüber der sozialen Teilhabe lediglich eine prinzipielle *Nachrangigkeit*, womöglich eines *lästigen*

Anhängsels, einzuräumen. Lästig insofern, als deren organisatorische und personelle Umsetzung große Schwierigkeiten bereitet. Beides muss als gleichwertig gelten, soziale Teilhabe und personale Identität bzw. Identitätsförderung, weil eines vom anderen abhängt, d. h. beide sich in der Zielrichtung komplementär ergänzen müssen. Die subjektive Befindlichkeit eines Kindes aufgrund seiner Behinderung zu beachten und die aus ihr zu folgernde besondere Förderung beinhalten eine besondere pädagogische Aufgabe, die sich nicht von selbst als Nebenwirkung von sozialer Teilhabe erledigt, etwa entsprechend der verbreiteten These, ein Kind sei nicht behindert, sondern *werde* jeweils erst durch negative soziale Einwirkungen *behindert*. Würde das „Behindernde", die gegebene eigene Disfunktionalität, lediglich als „normal" eingestuft (Es ist normal, anders zu sein), bestünde keine strikte Notwendigkeit für eine *besondere* pädagogische Förderung. Es käme dann nur auf die Art des „Umgangs" mit solchen Kindern an. Angesichts des akuten Mangels an Sonderpädagogen wäre das eine akute und künftige Gefahr für die notwendige Förderung und Unterstützung von Kindern mit Behinderung!

Die besondere pädagogische Förderung ist demnach als *Doppelaufgabe* zu sehen. Sie bezieht sich zum einen auf das Erlernen psychophysischer Funktionsfähigkeiten eines Kindes, also auf die Vermittlung von Fertigkeiten, mit denen das gegebene psychophysische „Behindertsein" − die inneren und funktionellen Barrieren − kompensiert bzw. abgebaut werden können. Zum anderen besteht die Aufgabe im Vermitteln sozialer Teilhabe. Aus der UN-BRK geht deutlich hervor, dass bei aller Beachtung der Vielfalt der Kinder die *besonderen Bedürfnisse* und Interessen von Menschen mit Behinderung von der Gesellschaft gleichwertig berücksichtigt werden müssen.

2.7 „Sonderpädagogischer Förderbedarf" – ausgeweitet

Eine für viele Fachleute „unerklärliche" Auffälligkeit im Zusammenhang mit Inklusion ist die inflationsartige *Zunahme* von Schülern mit „sonderpädagogischem Förderbedarf". Das Merkwürdige an den ansteigenden Prozentsätzen ist die Tatsache, dass gleichzeitig die Förderschulbesuchsquote nahezu unverändert geblieben ist. Nach der Statistik der Kultusministerkonferenz (Dokumentation Nr. 214 vom Juni 2018) betrug die Förderschulquote im Jahr 2016 4,18% aller Schüler, die *Förderquote*, d. h. die Summe der Kinder mit „sonderpädagogischem Förderbedarf", betrug 6,9%. Die Förderschulquote hatte sich in den letzten Jahren jeweils um 0,1% pro Jahr verringert (vgl. auch Klemm 2018).

Zur Klärung ist es nötig, darauf aufmerksam zu machen, dass sich der Artikel 24 der UN-BRK (im Wesentlichen) auf Kinder bezieht, die nicht wegen einer der heute verbeiteten *Lernstörungen* (z. B. Hyperaktivität oder Legasthenie), sondern wegen einer schwerer wiegenden und dauerhaften *Behinderung* (Disability) bisher in speziellen Schulen unterrichtet wurden, d. h. die nach deutschem Recht wegen ihrer *Behinderung* einen „sonderpädagogischen Förderbedarf" aufwiesen. Es könnte sonst der Eindruck entstehen, das Inklusionskonzept habe zu einer Vermehrung der Schüler mit einer „Behinderung" geführt und dies sei an der auffallenden Vermehrung der Zahl der Schüler mit einem „sonderpädagogischen Förderbedarf" erkennbar. Beispielsweise wies die KMK-Statistik (Dokumentation Nr. 185, 2008) für Bremen zwar den höchsten Inklusionsanteil von allen Bundesländern auf, d. h. 44,9% der Schüler mit „sonderpädagogischem Förderbedarf" waren schulisch inkludiert; die Förderschulquote hatte sich aber nicht entsprechend verringert. Diese wies mit 4,4% vielmehr den gleichen Wert auf wie die Quote anderer Bundesländer mit wesentlich geringerem Inklusionsanteil.

Es ist also danach zu fragen, warum die Zahl der Kinder, die heute in Regelschulen als „inkludiert" gelten, weit über die Zahl der Kinder hinausgeht, die als „Behinderte" ursprünglich Förderschulen besuchen mussten und nun „inkludiert" werden sollen. Der Grund für die auffallende Vermehrung der Schüler mit „sonderpädagogische-me Förderbedarf" bzw. für deren statistisch hohen Inklusionsanteil ist zunächst der, dass der Begriff des „sonderpädagogischen Förderbedarfs" nicht klar genug klassifizierbar und daher „nach oben" dehnbar ist. Dadurch entstehen in der Statistik Komplikationen und Verzerrungen bezüglich des individuellen Schweregrades des „sonderpädagogischen Förderbedarfs" und der sich daraus ergebenden Menge von Schülern.

Auf jeden Fall entspricht dem Anwachsen der Inklusionsquote keine entsprechende Minderung der Förderschulquote. Diese ist im Gegenteil nahezu gleich hoch geblieben. Das aber kann nur bedeuten, dass es ein anderer Personenkreis von Schülern ist, dem die seit Erlass der UN-BRK auffällig gewachsene Inklusionsquote zu verdanken ist. Auf jeden Fall sind es Kinder, die zwar durch Lernprobleme auffallen, jedoch keinen „sonderpädagogischen Förderbedarf" aufweisen, der sie früher zu Förderschulkindern gemacht hätte. Das heißt, der Begriff des „sonderpädagogischen Förderbedarfs" ist definitorisch ausgeweitet worden, z. B. zur Beschaffung zusätzlicher schulischer Ressourcen für „Inklusionskinder".

Der Begriff „sonderpädagogischer Förderbedarf" war 1994 durch die Kultusministerkonferenz (KMK) eingeführt worden, um diejenigen Schüler zu kennzeichnen, die bisher als förderschulbedürftig galten, nun aber in bestimmten Fällen auch an allgemeinen Schulen, also gemeinsam unterrichtet werden konnten. Die Kennzeichnung war nötig, um die an der allgemeinen Schule nötig werdenden Ressourcen und Maßnahmen für eine sonderpädagogische Förderung zu sichern. Der Begriff bezog sich also nur auf Kinder, die nach geltender Regelung *Förderschulen* hätten besuchen müssen, also auf Kinder mit „Behinderungen". Diese Ausweitung macht sich in der Statistik bemerkbar: Die Unterscheidung von „Behinderungen" und „Lernstörungen" war u. a. in den „Empfehlungen" des Deutschen Bildungsrates von 1973 definiert worden, um die Frage der Platzierung (Sonderschule oder allgemeine Schule) klären zu können. Der Begriff „sonderpädagogischer Förderbedarf" war also nur auf Kinder mit einer „Behinderung" bezogen, d. h. auf Kinder und Jugendliche, die in ihrem Lernen, Verhalten, ihrer sprachlichen Kommunikation oder ihren psychomotorischen Funktionen derart beeinträchtigt waren, dass für deren Förderung nur spezielle Schulen in Betracht kamen (Deutscher Bildungsrat 1973, 32). Für Kinder mit Lernstörungen waren die *Regelschulen* mit zusätzlichen differenzierten Förderungsformen vorgesehen gewesen. Diese blieben aber nach Verabschiedung der „Empfehlungen" in den Bundesländern unbeachtet. Das auch heute noch anzutreffende Fehlen von fest ausgebauten *schulinternen*

Lernstützsystemen an Regelschulen (Speck 2008, 415) steht im Widerspruch zu anderen Ländern, besonders den USA, wo diese selbstverständlich sind (Lauth/Grünke 2014). Für die Engländer Lewis und Norwich (Lewis/Norwich 2005) bilden beide Teilkategorien, Lernstörungen und Behinderungen, den Oberbegriff der „Special Educational Needs".

Eine Klärung des Unterschieds dieser beiden Gruppen speziellen Förderbedarfs ist u. a. für die *Ressourcenzuteilung* von Bedeutung: Von der Klassifizierung „sonderpädagogischer Förderbedarf" ist die Zuteilung *zusätzliche Ressourcen* für eine besondere Förderung abhängig. Ein weiterer Unterscheidungsgrund bezieht sich auf Artikel 24 der *UN-Behindertenrechtskonvention*. Wenn man davon ausgeht, dass es darin um die „Inklusion" von Schülern geht, die bisher spezielle Schulen besuchten, so können damit nicht gleichzeitig Kinder gemeint sein, die bereits inkludiert sind, z. B. Schüler mit einer Lese-Rechtschreib-Schwäche (LRS) oder einer Aufmerksamkeits-Defizit-Hyperaktivitäts-Störung (ADHS). Diesen beiden Gruppen von Schülern ist zwar ein *besonderer pädagogischer Förderbedarf* zuzusprechen, dieser unterscheidet sich aber im Umfang und pädagogischem Anspruch vom eigentlichen „sonderpädagogischen" Förderbedarf. Für Schüler mit „Lernstörungen", z. B. mit einer Legasthenie, sind keine „Sonderpädagogen" nötig. Gemeint sind temporäre, partielle individuelle Lernerschwerungen, nicht aber *generelle* Behinderungen.

Es ist jedoch auch geltend zu machen, dass eine Unterscheidung dieser beiden Gruppen von Schülern mit „Behinderungen" beziehungsweise „Lernstörungen" nicht immer leicht ist. Selbst eine Testdiagnostik kann in die Irre führen, wie Fälle zeigen, in denen die Diagnose „geistige Behinderung" zu schulisch abwegigen Einstufungen führte: So sind beispielsweise Schüler, die trotz eines *niedrigen* Intelligenzquotienten bisher in allen Grund- und Hauptschulen ungetestet lediglich als „schwache Schüler" galten, nun per Intelligenztest als „geistig Behinderte" anzusehen (Speck 2013). Wie ist das zu erklären?

[3]In einer empirischen Studie in Bayern waren Lehrer an Schulen mit dem *Förderschwerpunkt geistige Entwicklung* in Bezug auf die Zusammensetzung der Schülerschaft befragt worden (Dworschak, Kannewischer, Ratz et al. 2012). Dabei zeigte sich eine Dreiteilung der *Intelligenzminderungen* (gem. WHO 2000, ICD-10). Im Ergebnis war ein Drittel der Schüler einer *„leichten Intelligenzminderung"* zuzuordnen. Das ist auffallend, da die neugegründete „Schule für geistig Behinderte" ursprünglich nicht für diesen Schülerkreis vorgesehen war, sondern für Kinder, die bis dahin als „schulbefreite" oder „bildungsunfähige" Kinder galten und Schulen überhaupt nicht besuchen durften. Diesem Umstand entsprachen auch die Empfehlungen des Deutschen Bildungsrates (1973), in denen auf der Basis internationaler Normen für diese Schüler ein Intelligenz-Schwellenwert von drei negativen Standardabweichungen vom Mittelwert veranschlagt worden war, was etwa einem *IQ-Wert von 50* entspricht (mit individuellen Varianzen). Das bedeutet, die untersuchte Förderschule war zu einem *Drittel* durch Schüler *aufgestockt* worden, die bislang klassifikatorisch der „Schule für Lernbehinderte" zugerechnet worden waren.

Darüber hinaus erstreckt sich die hier angesprochene Zunahme der Schüler mit dem Förderschwerpunkt „geistige Entwicklung" auch auf die inklusiven Regelschulen. Nach den statistischen Zahlen der Kultusministerkonferenz der Länder (KMK-Dokumentation Nr. 177 u. 196) ist die Förderquote der Schüler mit „sonderpädagogischem Förderbedarf" im Schwerpunkt „geistige Entwicklung" von 1995 bis 2012 von 0,615 auf 1,022 gestiegen, also etwa um zwei Drittel. Eine ähnlich auffallende Zunahme von „Sonderschülern" mit geistiger Behinderung war auch aus der *Schweiz* berichtet worden (Speck 2013). Dazu sei hier nur angemerkt, dass dieser Anstieg im Zusammenhang mit der Schließung der *Lernbehindertenklassen* in Zürich 2007 stand. Diese hatte zu einer Verdoppelung der Schulplätze in der Heilpädagogischen Schule (für „geistig Behinderte") geführt. Dabei handelte es sich auch und zumeist um Schüler mit zusätzlichen *Verhaltensschwierigkeiten*. Außerdem war für die Diagnose „geistige Behinderung" offiziell ein bestimmter Intelligenzquotient

---

[3] S. 68 – 71 beziehen sich weitgehend auf Speck 2013

ausschlaggebend vorgegeben, der jeweils vom schulexternen *Schulpsychologischen Dienst* ermittelt wurde. Für diesen war das *Internationale Klassifikationssystem ICD-10* (WHO 2000) maßgebend. Hier gibt es eine „leichte Intelligenzminderung". Sie erstreckt sich auf einen Normbereich von IQ 50 – 69, der als „leichte *geistige Behinderung*" ausgewiesen wird: Eine pädagogisch fragwürdige terminologische Formulierung und Überziehung aus pädagogischer Sicht, speziell im Vergleich zur genannten Regelung in den Empfehlungen des Deutschen Bildungsrates von 1973!

Als ein Motiv für die Ausweitung der Klassifizierung „geistige Behinderung" kommen in der Schweiz die *Finanzierungsbedingungen* des integrativen Unterrichts in Betracht: Jedes Kind, das in einer Regelschule wegen seiner Lern- und / oder Verhaltensprobleme speziell gefördert werden soll, braucht das finanzrechtlich erforderliche Etikett, damit die entsprechenden zusätzlichen Fördermaßnahmen angefordert werden können (Etikettierungs-Ressourcen-Dilemma). Jeder diagnostizierte Einzelfall erbrachte also der Regelschule rechtlich zustehende *Ressourcen*. Diese „Sonderschüler" fungierten gewissermaßen als Ressourcenbeschaffer („Goldesel"). Lienhard und Bischofberger bezeichneten dieses Vorgehen so: „Wo ein Angebot im Sonderschulbereich ist, wird es als Ventil für die Regelschule auch genutzt" (2012, 161). Das Etiketten-Ressourcen-Dilemma führt also zu einem *Ressourcen-Beschaffungs-Effekt!* Anzumerken ist, dass der beschriebene Modus der Diagnostizierung einer geistigen Behinderung bei einem IQ-Wert von 70 (75) im Kanton Zürich wieder abgeschafft wurde.

Die Ausweitung des Begriffs „sonderpädagogischer Förderbedarf" bezieht sich vielfach auch auf die Zunahme von Schülern mit dem Förderschwerpunkt *„emotionale und soziale Entwicklung"*. Dies hängt damit zusammen, dass dieser pädagogische Terminus sich weithin mit der *kinder- und jugendpsychiatrischen* Diagnose *„psychischer Störungen"* deckt, die heute auffallend verbreitet ermittelt wird. Aus einem Übersichtsartikel des Kinder- und Jugendpsychiaters Gerd Schulte-Körne (2016) in München geht hervor, dass sowohl in Deutschland als auch weltweit etwa 10 – 20 % aller Kinder und Jugendlichen eine „psychische Störung" aufweisen. Dazu zählen Angststörungen, Depressionen, Störungen des Sozialverhaltens sowie die hyperkinetische Störung (HKS). Ohne Zweifel ist das Spektrum des ursprünglichen „sonderpädagogischen" Förderbedarfs auch durch die Einbeziehung von Kindern mit den genannten psychischen Störungen erweitert worden. Immer häufiger werden deshalb von den Schulen auch *psychologische und kinderpsychiatrische Gutachten* zur Klärung schulischer Platzierungen genutzt, die aber für eine Platzierung nur bedingt geeignet sind.

Terminologische und strukturelle Unterschiede bezüglich der schulischen Platzierung gibt es auch *international* in anderer Hinsicht und zwar in Bezug auf den *Begriff der Lernstörungen*. Dieser wird beispielsweise in den USA, aber auch in anderen Ländern, bewusst vom Begriff der „special needs" abgehoben, der auf „disabilities", also Behinderungen" bezogen ist. Er entspricht unserem Begriff des „sonderpädagogischen Förderbedarfs" im ursprünglichen Sinn. Die pädagogische Förderung dieser Kinder ist „special education". Die *Sonderschulquote* in den USA liegt bei etwa 3,6 %.

Davon abgehoben werden Kinder mit *Entwicklungs- und Lernrückständen*, für die besondere Nachhilfe-Programme als remedial oder individual education angeboten werden. Mindestens 12% aller Schulkinder in den USA profitieren von dieser Einrichtung. Sie gehört zur normalen Ausstattung aller Schulen und beruht auf einem finanziell ausgestatteten Rechtsanspruch: Wann immer eine Schule Schüler mit „disabilities" bzw. „learning disabilities" meldet, werden ihr zusätzliche Ressourcen zugeteilt. Im Gegensatz dazu wird in Deutschland Nachhilfe-Unterricht generell *privat* organisiert, d. h. er kommt nicht allen Kindern zugute, die ihn brauchten.

Die hier angesprochene ungeregelte Erweiterung des Begriffes „sonderpädagogischer Förderbedarf" lenkt also die Aufmerksamkeit auf ein generelles Defizit in unserem bisherigen Schulwesen: Das *Fehlen eines schulinternen regulären Lern-Stützsystems* neben einer tatsächlich „sonderpädagogischen" Förderung. Ein entsprechender Schulversuch in München-Nord (Speck et al. 1978), der deren Effektivität nachweisen konnte, war ohne Resonanz im Schulsystem geblieben.

Bezogen auf die UN-BRK, d. h. auf die Frage, welche Kinder als zu inkludierende zu gelten haben, empfiehlt es sich, den Begriff „sonderpädagogischer Förderbedarf" auf seine ursprüngliche Bedeutung *einzuschränken*. Zur Unterscheidung könnte man den pädagogisch adäquaten Förderbedarf für Kinder mit individuellen, leichten, partiellen oder temporären Lernstörungen als „zusätzlichen pädagogischen Förderbedarf" (ZPF), verstanden auch als Nachhilfebedarf oder Lernstützbedarf, bezeichnen. Als beide Bedarfe verbindender Begriff käme „besonderer pädagogischer Förderbedarf" (BPF) in Betracht. In allen diesen hierzulande noch offenen Fragestellungen hätte eine diesbezügliche Forschung Klarheit zu bringen.

2.8 Skeptische Einstellung der Eltern

Da inzwischen die Eltern ein *Wahlrecht* für den Schulbesuch ihres Kindes haben, lässt sich an der *Förderschulquote* ablesen, in welchem Maße Eltern eine Regelschule oder eine Förderschule für ihr Kind mit einer Behinderung bevorzugen, d. h. wie hoch im Kurs für eine der beiden Schularten steht. Nach der KMK-Statistik (Dokumentation Nr. 210/2016) blieb trotz der Tendenz, Schüler mit sonderpädagogischer Förderung auch in allgemeinen Schulen zu unterrichten, der Anteil der Schüler an Förderschulen mit 4,6 % im Verhältnis zur Gesamtzahl der Schüler im Alter der Vollzeitschulpflicht seit 2005 nahezu stabil. Schüler mit dem Förderschwerpunkt geistige Entwicklung wurden nur verhältnismäßig selten in allgemeinen Schulen unterrichtet.

Obwohl die *Förderschulbesuchsquote* insgesamt „nahezu stabil" ist, lässt dies noch kein inklusionspädagogisch verändertes Wahlverhalten der Eltern erkennen. Damit wird zwar zweifellos die Skepsis von Eltern gegenüber der Realität eines gemeinsamen Unterrichts zum Ausdruck gebracht. Darüber hinaus kann aber auch gefragt werden, wie bedeutsam die Einstellung der Eltern in Bezug auf die Einführung eines neuen Schulmodells überhaupt ist. Man könnte geltend machen, bei der UN-BRK handele es sich schließlich um ein *Gesetz*, das vollzogen werden müsse. Doch gegen den Widerstand der Eltern? Rechtlich klarzustellen ist, dass dem Elternwillen, der im Grundgesetz als Elternrecht verankert ist, ein *hohes Gewicht* gegenüber dem Staat zukommt. Dieser hat zwar laut Artikel 7 Abs. 1 Grundgesetz die sogenannte *Schulhoheit*, muss aber dem Gesetz nach auch den *Elternwillen* achten. Eltern und Staat sind also in Schulfragen aufeinander angewiesen und haben deshalb zusammenzuwirken. In einem Entscheid des Bundesverfassungsgerichtes (BVerfG) (34, 183) heißt es:

„Der Staat muß deshalb in der Schule die Verantwortung der Eltern für den Gesamtplan der Erziehung ihrer Kinder achten und für die Vielfalt der Anschauungen in Erziehungsfragen so weit offen sein, als es sich mit einem geordneten staatlichen Schulsystem verträgt" (zit. b. Isensee/Giesen 1986).

Legislative und Exekutive müssen also Einsprüche von Elterngruppen ernst nehmen, wenn diese sich z. B. gegen eine Schließung spezieller Schulen und damit gegen Versuche, das Wahlrecht auszuschalten, wehren. Als Beispiel sei hier die Hamburger Elterngruppe „Wir wollen lernen" genannt, die sich mit Schreiben vom 20.01.2015 dagegen verwahrt hatte, dass manche Vertreter der pädagogischen Ideologie „einer Schule für alle" zu Unrecht versuchen, aus der UN-Konvention für die Rechte von Menschen mit Behinderungen die Forderung nach einer Schließung der Sonder- und Förderschulen in Deutschland abzuleiten und bei dieser Gelegenheit die besonderen Förderangebote der Sonder- und Förderschulen aufzuheben („Elternwahlrecht und Inklusion", http://www.wir-wollen-lernen. de/2444/elternwahlrecht-und-das-modewort-inklusion/index.html, 12.06.2019).

In ähnlicher Weise hatten sich in der Lebenshilfe-Zeitung (Nr. 3 und 4/2009) Eltern dagegen ausgesprochen, die Sonderschulen „schlecht zu reden" und als „Schreckgespenst" zu diskreditieren. Andererseits plädiert die *Bundesvereinigung Lebenshilfe* in einem Positionspapier von 2009 für „eine Schule für alle", was ein Ende eigener Schulen für Kinder mit geistiger Behinderung bedeuten würde. Ähnliches wird aus Österreich berichtet. Hier hatte die *Lebenshilfe Österreich* 2010 einen „Stufenplan zur inklusiven Schule" vorgelegt, wonach bis zum Jahre 2015 alle Sonderschulklassen aufgelöst und in eine „neue Schule für alle" eingegliedert werden sollten. Ein Elternrecht gäbe es damit nicht mehr. Gegen diesen Plan hatte sich eine parlamentarische Bürgerinitiative v. 1.06. 2016, initiiert vom Steierischen Landes-Elternverband für Pflichtschulen, an den Österreichischen Nationalrat (Parlament) gewandt. Darin wurde ersucht, „die Rechte der Kinder und Eltern zu schützen und nicht zuzulassen, dass [...] Kindern mit sonderpädagogischem Förderbedarf der Besuch einer ihrer Behinderung entsprechenden Sonderschule oder Sonderschulklasse unmöglich gemacht wird." Entgegen anderslautenden Behauptungen in den Medien sei in der UN-BRK nicht festgelegt, Einrichtungen für Kinder mit Behinderungen zu verbieten bzw. abzuschaffen, sondern es sei sicherzustellen, dass sie wegen ihrer Behinderung auf keiner Bildungsstufe (Primarstufe und weiterführenden Schulen) „vom unentgeltlichen und obligatorischen Unterricht ausgeschlossen werden", und ihnen innerhalb des allgemeinbildenden Schulsystems „die notwendige Unterstützung geleistet" wird (UN-BRK, Art. 24, 2 a, b, d). Ein entsprechendes bedarfsgerechtes Angebot müsse also gewährleistet sein.

Dieses Erfordernis entspricht im Übrigen Artikel 7, Absatz 2, UN-BRK, in dem es heißt, dass „das Wohl des Kindes" als ein „vorrangiger Gesichtspunkt zu berücksichtigen ist". Für diesen aber sind auch rechtlich *die Eltern* mitverantwortlich. Wenn also verkündet wird, wie ich es in einem Referat eines österreichischen Kollegen vernehmen konnte, dass demnächst alle Sonderschulen in Österreich abgeschafft sein würden, so entsteht der Eindruck, dass das Wahlrecht der Eltern, die diese Schulen für ihre Kinder mit einer Behinderung durchaus als akzeptabel und sinnvoll bewerten, missachtet und ausgeschaltet würde.

2.9 Überforderungen für Lehrerinnen und Lehrer

Die neue Inklusionsidee hatte zwar zunächst bei vielen engagierten Lehrerinnen und Lehrern sowohl in den Regelschulen als auch in den speziellen Schulen spontan viel Anklang gefunden. Bald aber war als Folge der unzureichenden strukturellen Voraussetzungen Ernüchterung eingetreten. Vor allem Lehrkräfte an Regelschulen beklagten *Überforderungen*. Persönlichen Gesprächen und Medienberichten ist zu entnehmen, dass diese sich unvorbereitet und generell nicht kompetent genug für die Bewältigung der komplexen Aufgabe fühlten, sie würden dies aber nicht laut sagen, um nicht beruflich als Versager abgestempelt zu werden (Ruß 2017). Vor allem fehle es an den für einen gemeinsamen Unterricht notwendigen *zusätzlichen Pädagogen*, im Besonderen auch an *Sonderpädagogen*. Die Folge sei eine pädagogische Minimalisierung der Zeit für zusätzliche sonderpädagogische Förderung pro Kind, zumal die dafür zuständigen Lehrer *keine Allround-Sonderpädagogen* seien, sondern jeweils nur über bestimmte sonderpädagogische Teilqualifikationen je nach der Behinderungsart verfügen würden.

Wie wichtig die Vorbereitungen und Voraussetzungen für den Aufbau eines inklusiven Schulsystems sind, und wie sehr die überstürzte Einführung des Inklusionsmodells dazu geführt hat, dass die genannten Überforderungen der Lehrkräfte eingetreten sind, zeigt ein Vergleich mit *Großbritannien*. Schon 2002 hatten die beiden britischen Wissenschaftler Avramidis und Norwich in einer Untersuchung auf die Bedeutung der persönlichen Voraussetzungen der Lehrerinnen und Lehrer für eine erfolgreiche Implementation des Inklusionsmodells in das allgemeine Schulsystem hingewiesen (Avramidis/Norwich 2002). Ihre Analyse ergab zwar eine verbreitete allgemeine Zustimmung von Lehrkräften zum Inklusionsmodell, jedoch keine Evidenz für eine totale Inklusion, also eine Vollinklusion, aber auch keine totale Ablehnung. Ermittelt wurden verschiedene Einzelfaktoren, von denen eine positive Einstellung abhängig ist. Zu diesen gehörten die Art und Schwere einer Behinderung, jedoch nur wenige Variablen, die sich auf die Lehrkräfte bezogen. Dazu gehörten auch die Faktoren, die im schulischen Umfeld als physische oder menschliche Unterstützung dienen, z.B. eine barrierefreie Umgebung für Schüler mit körperlicher Behinderung, die Unterstützung der Lehrkräfte durch Spezialisten, etwa in Form von Beratungen und Kursangeboten, aber auch notwendige zusätzliche Lehr − und Lernmaterialien (Avramidis/Norwich 2002). Die Untersuchung zeigte, dass vor allem den Schulleitern eine hohe Bedeutung bezüglich der organisatorischen Koordinierung und vor allem der Einstellungen zukommt. Generell zeigte das Ergebnis der Untersuchung, dass im Falle hoher Lernbedürfnisse und schwerwiegender Verhaltensschwierigkeiten Lehrkräfte mehr *negative Einstellungen* zur Inklusion ausbilden. Eine weitere wichtig Erkenntnis war, dass derartige Maßnahmen und Unterstützungen gegeben sein müssten, *noch bevor* die ersten Schüler mit einer Behinderung in eine allgemeine Schule aufgenommen werden. Spitzenpriorität müsse auch die

Anleitungsfunktion des *assistierenden Personals* in Sachen Inklusion haben (Avramidis/Norwich 2002, 142f.).

Was den empfindlichen *Personalmangel an Schulen in Deutschland* betrifft, so könnte er damit erklärt werden, dass das Ausmaß des personellen Bedarfs *falsch eingeschätzt* worden ist. Beispielsweise waren die beiden Erziehungswissenschaftler Klaus Klemm und Ulf Preuss-Lausitz in ihrem Gutachten „Auf dem Weg zur schulischen Inklusion in Nordrhein-Westfalen. Empfehlungen zur Umsetzung der UN-Behindertenrechtskonvention im Bereich der allgemeinen Schulen" (Klemm/Preuss-Lausitz 2011) von einer insgesamt zu erwartenden *Verringerung* der Zahl der Schüler mit sonderpädagogischem Förderbedarf und einem insgesamt *geringen Mehrbedarf an Stellen für Vollzeitlehrer* ausgegangen! In einer Variante 1 wurde für das Schuljahr 2020/21 gegenüber 2010 mit einem kontinuierlichen „Hochwachsen" von jährlich etwa 220 Stellen (für ganz NRW) gerechnet, in einer Variante 2 zum Rückgang der Schülerzahlen wurde sogar mit einem Mehrbedarf von nur 19 Stellen gerechnet (Klemm/Preuss-Lausitz 2011, 113). Was den Mehrbedarf an Sonderpädagogen betrifft, so konnten die Gutachter nur eingestehen, dass dies ein „schwerwiegendes Problem" bleiben würde, zumal ein großer Teil der jetzigen Lehrer in den nächsten Jahren in den Ruhestand ginge. Die Gutachter konnten nur empfehlen, mehr Werbung für dieses Lehramt zu machen (Klemm/Preuss-Lausitz 2011, 115).

Ob dieser Erfolg haben würde, ist fraglich, zumal nach einer Lehrerbedarfsprognose der KMK vom 11. Okt. 2018 die Schülerzahl in Deutschland bis zum Jahr 2030 um 278.000 auf 11,2 Millionen steigen wird. Das heißt, der Lehrkräftemangel droht zu einem dramatischen Problem des gesamten Schulwesens in Deutschland zu werden. In den nächsten Jahren dürften Tausende von Stellen unbesetzt bleiben. Besorgnis besteht schon jetzt dahingehend, dass der Staat die fehlenden Lehrkräfte immer häufiger durch *Quereinsteiger*, d. h. durch nicht hinreichend qualifizierte Lehrkräfte ersetzen muss. Für den allgemeinen Lehrkräftemangel werden verschiedene Gründe angeführt. Ein wichtiger Grund liegt darin, dass der Lehramtsberuf heute eine hohe *psychophysische Belastung* mit sich bringt. Wie ein Gutachten des Aktionsrates Bildung im Auftrag der Bayerischen Wirtschaft ergab, leiden 30 Prozent der Lehrer und Erzieher unter psychischen Problemen (Martina Scherf, „Höllenjob Lehrer", in: Süddeutsche Zeitung, SZ-Bildungsmarkt, v. 8. April 2014). Die Zahl der Krankheitstage habe sich seit dem Jahr 2000 fast verdoppelt. Der Lehramtsberuf sei für viele nicht mehr der Traumberuf. Viele empfänden schon im Laufe ihrer Karriere, dass sie es eher mit einem gesundheitlich bedrohlichen Job zu tun hätten. Die Ergebnisse seien besorgniserregend, weil sie sich schädigend auf das Bildungsniveau der ganzen Gesellschaft auswirken könnten. Viele Betroffene fühlten sich emotional überfordert und reagierten mit Rückzug. Sie sagten von sich selbst, dass sie „sich nicht mehr in ihre Schüler hineinversetzen" könnten, büßten also emotionale und soziale Kompetenz ein, eine der wichtigsten Eigenschaften, die man von einem Lehrer erwarte. Einigkeit herrsche darüber, dass für einen hochwertigen Unterricht eine hohe psychologische, pädagogisch-fachliche und didaktische Qualität erforderlich sei. Mit Quereinsteigern sei diese nicht zu erreichen.

Dass gerade inklusiver Unterricht hohe Ansprüche an die Lehrkräfte stellt, ist unbestritten. Hinzu kommt, dass der Lehramtsberuf im Unterschied zu anderen Berufen, etwa zu Juristen, Ärzten oder Ökonomen, heute weniger Wertschätzung in der Öffentlichkeit erfährt. Die Aussichten, den Mangel an Lehrkräften durch mehr Werbung, mehr Studienplätze und eine bessere Bezahlung zu überwinden, werden dadurch getrübt, dass in Deutschland generell ein dringender Bedarf auch in anderen Berufen mit Hochschulstudium besteht.

2.10 Unzulängliche strukturelle Umsetzungen

Gemäß dem Bildungsföderalismus der Bundesrepublik setzte jedes Bundesland das vom Deutschen Bundestag verabschiedete Rahmengesetz zur UN-BRK nach eigener Interpretation um. Eine ganze Reihe von Bundesländern entschied sich für den vom Bundestag anvisierten Austausch von Förderschulen gegen eine landesweite Umfirmierung der allgemeinen Schulen zu inklusiven Regelschulen. Per Gesetz, also mit Hilfe der Staatsgewalt, wurden nach und nach Förderschulen geschlossen und die betroffenen Förderschüler in Regelschulen übernommen. Diese waren für diese Aufgabe jedoch vielfach nicht hinreichend vorbereitet und ausgestattet. Über diese auch kritisch zu bewertende Entwicklung berichtete u. a. auch A. Hinz (Hinz 2017). Um diese unzureichende Ausgangssituation kurz zu umreißen, seien hier einige wichtige Ergebnisse einer deutschlandweiten Umfrage des Forsa-Instituts bei rund 1000 Lehrerinnen und Lehrern von 2015 wiedergegeben:

- 54% der Befragten befürworten Inklusion prinzipiell, d. h. wenn die notwendigen finanziellen und personellen Voraussetzungen gesichert sind.
- 42% halten eine Beschulung behinderter Kinder in Förderschulen für sinnvoller.
- 97% sprechen sich für eine Doppelbesetzung von einem Lehrer und einem Sonderpädagogen im Unterricht aus, die aber schulrechtlich nicht vorgesehen ist. 65% geben an, dass an ihrer Schule nur ein Lehrer eine inklusive Klasse unterrichtet.
- 65% geben an, dass die Klassengrößen für inklusiven Unterricht nicht wie versprochen verkleinert wurden.
- 12% bewerten das Fortbildungsangebot zur Vorbereitung auf den inklusiven Unterricht für gut oder sehr gut.
- 57% verfügen über keine sonderpädagogischen Vorkenntnisse (Forsa 2017).

Die im Ganzen gesehen übereilte Vorgehensweise, die eigentlich nur als Notlösung gewertet werden könnte, schreckte die *Eltern* ab. Bei den nachfolgenden Landtagswahlen verloren die dafür verantwortlichen Parteien, sodass es zu einem Stopp der bis dahin in Gang gesetzten Abschaffung von Förderschulen kam. Über die Wende in Nord-Rhein-Westfalen berichtete u. a. der Gymnasiallehrer Michael Felten (Felten 2018). Gegen eine voreilige Umsetzung einer radikalen schulischen Inklusion hatten sich auch die *Lehrerverbände* gewandt. So wies der Vorsitzende des Deutschen Lehrerverbandes (DL) Josef Kraus am 12.04.2013 in der *Frankfurter Allgemeine Zeitung* darauf hin, dass in Artikel 24 der UN-BRK nichts von einem inklusiven einheitlichen Schulwesen stehe. Er sehe auch sonst keinen Grund, das deutsche Förderschulwesen abzuschaffen. Auch die Kultusministerkonferenz habe 2010 eindeutig erklärt, „die Behindertenrechtskonvention (mache) keine Vorgaben darüber, auf welche Weise gemeinsames Lernen zu realisieren ist". Sie enthalte deshalb auch keine Aussagen zur Gliederung des Schulwesens. Die Existenz von Förderschulen sei also kein Verstoß gegen die UN-Konvention. In Anbetracht der geringen Zustimmung der Eltern und Lehrer zur aktuellen Entwicklung eines inklusiven Schulkonzeptes suchen gegenwärtig viele Bundesländer nach einer sinnvolleren und praktikablen alternativen Umsetzung von Artikel 24 der UN-BRK.

Bayern hatte einen evolutiven Weg zur inklusiven Regelschule gewählt: In einem neuen Artikel 30b (Inklusive Schule, gültig ab dem 01.08.2018) des Bayerischen Gesetzes über das Erziehungs- und Unterrichtswesen (BayEUG) wurde festgelegt, dass allgemeine Schulen *auf Antrag* und mit Zustimmung der zuständigen Schulaufsichtsbehörde das Schulprofil „Inklusion" entwickeln können. Dadurch können auf der Grundlage eines gemeinsamen Bildungs- und Erziehungskonzepts Schüler mit sonderpädagogischem Förderbedarf unter Beachtung ihres besonderen Förderbedarfs und unterstützt durch die *Mobilen Sonderpädagogischen Dienste* an bestimmten Schulen mit dem „Schulprofil Inklusion" sinnvoll und erfolgreich unterrichtet werden. Für Schüler mit sehr hohem sonderpädagogischen Förderbedarf können in diesen Schulen mit dem Schulprofil „Inklusion" auch eigene Klassen gebildet werden, in denen sie im gemeinsamen Unterricht durch eine Lehrkraft der allgemeinen Schule und eine Lehrkraft für „Sonderpädagogik" unterrichtet werden. Einzelne Kinder mit sonderpädagogischem Förderbedarf an allgemeinen Schulen können durch die Mobilen Sonderpädagogischen Dienste der Förderschule oder auch durch Integrationshelfer bzw. Schulbegleiter unterstützt werden (Heimlich et al. 2016). Die Tabelle zu Schulen mit Schulprofil Inklusion in Bayern des Bayerischen Staatsministeriums für Unterricht und Kultus aus dem Schuljahr 2018/19 zeigt, wie sukzessiv der Aufbau von Schulen mit dem Schulprofil „Inklusion" erfolgte (Tab. 1).

Tab. 1: Schulen mit Schulprofil Inklusion in Bayern

Schuljahr	ins-ge-samt	Schulen mit Schulprofil Inklusion							
		davon							
		Grund-schu-len	Mit-tel-schu-len	Real-schu-len	Gym-nasien	För-der-schu-len	Be-rufs-schu-len	Fach-ober-schu-len	Be-rufs-fach-schu-len
2011/12	42	36	6	-	-	-	-	-	
2012/13	87	64	15	4	4	-	-	-	
2013/14	126	85	29	7	5	-	-	-	
2014/15	164	96	53	10	5	-	-	-	
2015/16	212	104	65	11	5	27	-	-	
2016/17	240	115	74	11	7	33	-	-	
2017/18	298	125	78	18	10	52	15	-	
2018/19	356	139	89	22	11	66	24	3	2

Eine Besonderheit an dieser bayerischen Regelung liegt darin, dass *auch Förderschulen* auf Antrag zu „Schulen mit dem Schulprofil Inklusion" erklärt werden können, d. h. auch Schülerinnen und Schüler ohne Behinderungen gemeinsam in Förderschulen unterrichtet werden können. Dass spezielle Schulen offensichtlich unentbehrlich sind, geht u. a. daraus hervor, dass diese auch in Ländern weiterbestehen, die sich zunächst intensiv dem Inklusionsmodell angeschlossen hatten, wie z. B. in den skandinavischen Ländern.

Nichtsdestoweniger wird das Konzept einer *Vollinklusion* auch in Deutschland weiterverfolgt. Weil dabei Kompromisse ausgeschlossen sind, werden in der „Diskussion" von den verschiedenen Parteien im Wesentlichen Werte, Ziele und Programme der jeweils eigenen Idee vertreten. Die Probleme der Realität werden weitgehend ausgeblendet, auch in der Forschung. Vielfach werden Argumente in die Waagschale gelegt, die die problematische Realität aus der Perspektive einer *noch nicht verwirklichten Zukunft* (einer „inklusiven Gesellschaft") relativieren: Wenn erst einmal alle Ziele einer Vollinklusion erreicht sind, werden alle bisherigen Probleme in sich zusammengefallen sein — nach dem Motto „Augen zu und durch! Wir schaffen es!". Niklas Luhmann sieht in dem progressiv begründeten Ansatz „Die Gesellschaft ist (noch) nicht, was sie ist" eine *Paradoxie*: Die in die Gegenwart versetzte Zukunft werde zu einem unbestimmten Ort für die Einlösung des proklamierten Versprechens: „Alle Kinder sind willkommen" (Luhmann 1997, 1077f.). Was gegenwärtig an Problemen anfällt, wird damit erklärt, dass die verkündete Idee eben noch nicht voll umgesetzt sei. Es werde diese Probleme aber nicht mehr geben, heißt es, wenn die verkündeten Ideen Realität geworden seien. Luhmann spricht von einer „Flucht" in die Unbestimmtheit von Utopien (Luhmann 1997, 1077f.). Auffallend ist, dass eine Diskussion über *reale Probleme*, etwa *unzureichende Ressourcen*, geradezu verpönt ist. Mir persönlich wurde öffentlich der „Fehler" vorgehalten, die in den Medien genannte *Höhe der Kosten*, die von einem wissenschaftlichen Institut für den Wechsel vom Förderschulsystem in ein inklusives Regelschulsystem errechnet worden war, veröffentlicht zu haben. Das ist zudem erstaunlich, da heute im Allgemeinen öffentliche Transparenz gefordert wird, wenn es um Steuergelder geht. Das Ausblenden geht auf Kosten der davon betroffenen Kinder und Jugendlichen, deren besondere Förderungsbedürfnisse in einer unzulänglichen Schulrealität zu kurz kommen, was auch von der *Forschung* weitgehend unbeachtet bleibt. Diese konzentriert sich mehr auf Erfolgsmodelle.

Auffällig ist auch, dass es heute andere *pädagogisch separierende Institutionen* für Kinder und Jugendliche gibt, deren Schließung nicht gefordert wird, nämlich die *Heime*, etwa auch für Kinder und Erwachsene mit Behinderungen oder Verhaltensauffälligkeiten: Obwohl es sich um Institutionen jenseits der proklamierten Gemeinsamkeit mit Kindern und Erwachsenen ohne Behinderung handelt, beziehen sich diese heute wie selbstverständlich ebenfalls auf die UN-BRK und verwenden für sich ebenfalls den Begriff „Inklusion", ohne dass sie als „ausgrenzende" Einrichtungen kritisiert werden würden.

Eine *Zwischenbilanz* der praktischen Umsetzung der UN-Behindertenrechtskonvention lässt kurzgefasst dreierlei allgemeine Feststellungen zu:

▨ Die *Idee* des Konzeptes eines *inklusiven Schulsystems* ist in der deutschen Öffentlichkeit auf *breite Zustimmung* gestoßen. Es sind grundlegend wichtige Umorientierungen im Bildungsbereich eingeleitet worden, die aber im Sinne eines *differenzierten Schulsystems* überarbeitet und ausgebaut werden müssen, um generell eine Zukunft haben zu können.

▨ Als nicht realisierbar und pädagogisch kritisch hat sich die ursprüngliche Absicht erwiesen, ein inklusives Schulsystem durch den *Abbau der Förderschulen* zu ermöglichen. Als Gründe für die eingetretenen Umsetzungsprobleme sind vor allem eine unzureichende Vorbereitung und eine ungenügende sächliche und personelle Ausstattung der Schulen zu nennen. Auf dem Prüfstand steht aber auch der theoretische pädagogische Ansatz einer Vollinklusion, die keinerlei gruppierende Aufteilung von Schülern zulässt. In den Blickpunkt genommen werden müssen deshalb generelle Schwierigkeiten und Dilemmata, die sich aus dieser Totalisierung ergeben haben. Die Zukunft des Inklusionsprojektes wird wesentlich von einer Klärung dieses Problemkomplexes abhängen.

2.11 Best-Practice-Modelle für gemeinsamen Unterricht

Schon seit den 1970er Jahren wurden *erfolgreiche Prototypen* gemeinsamen Unterrichts an allgemeinen Schulen bekannt. Eine Zusammenstellung von Berichten über andere „Schulversuche zur Integration behinderter Kinder in den allgemeinen Schulen" ist 1976 vom Deutschen Bildungsrat veröffentlicht worden. Eine Gesamtbeurteilung der Konzepte zur Integration liegt u. a. von Bleidick vor (Bleidick 1988).

Diese Schulversuche konnten aufzeigen, welche Bedingungen erforderlich sind, wenn gemeinsamer Unterricht erfolgreich sein soll. Auch heute gelten im Unterschied zu den hier angesprochenen schulischen Unzulänglichkeiten zahlreiche Regelschulen als *Beispiele* für eine gelingende Inklusion. Ein Teil von ihnen ist dafür öffentlich ausgezeichnet worden. Sie sind als Muster für eine optimale Praxis inklusiver Regelschulbildung anzusehen, kommen aber nicht als Serienmodelle in Betracht. Eine Auffälligkeit ist deren strukturelle Unterschiedlichkeit oder Vielfalt. Ich habe hier zwei bekannte Modelle herausgegriffen, die gerade deshalb beachtenswert sind, weil sie über verschiedene inklusionspädagogische Wege zu ihren Erfolgen gekommen sind. (Ein weiteres Inklusionsmodell wird in Kapitel 3 vorgestellt.) *Modellschulen* haben eine wichtige Funktion für die Weiterentwicklung der schulischen Inklusion in Deutschland, vor allem dadurch, dass sie konkret aufzeigen können, dass diese erstens möglich ist, jedoch zweitens nur unter bestimmten Bedingungen.

Das Evangelische Förderzentrum Martinschule in Greifswald

2018 erhielt das *Evangelische Förderzentrum Martinschule in Greifswald* den *Deutschen Schulpreis*. In einem Interview des Deutschen Bildungsportals mit dem Erziehungswissenschaftler Hans Anand Pant, Geschäftsführer der Deutschen Schulakademie, beschrieb dieser die Idee der Schule so: Jedes Kind könne hier sowohl binnendifferenziertes Lernen in stabilen Stammgruppen als auch äußere Differenzierung und Förderung individueller Begabungen und Neigungen in flexiblen Lerngruppen erleben. Die Leistungen der Schüler ohne Behinderung an der Schule litten darunter nicht. Auf Ziffernnoten werde bis zur neunten Klasse verzichtet. Zudem zeichne sich die Martinschule durch eine starke Eltern- und Schülerpartizipation, durch besondere förderdiagnostische Kompetenz des Lehrpersonals sowie durch ausgeprägte Kooperation in multiprofessionellen Teamstrukturen aus. Besonderer Wert werde daraufgelegt, dass hinter den professionell reflektierten Alltagsroutinen vor allem ein unbedingter Wille wirksam sei, das „Anderssein" der Mitschüler radikal zu akzeptieren und wertzuschätzen (Deutsches Schulportal v. 14. Mai 2018).

Aus Bemerkungen innerhalb des Interviews mit dem Deutschen Schulportal des Schulleiters Benjamin Skladny und einiger Kolleginnen zu den Arbeitsbedingungen geht im Einzelnen hervor,

- dass an dieser Schule mit 550 Schülerinnen und Schülern insgesamt 60 Lehrer, 55 Inklusionshelfer, 23 Erzieherinnen und 12 Sonderpädagogen arbeiten,
- dass auf 15 Kinder im Schnitt drei Lehrkräfte (ausgebildete Pädagogen, aber auch Seiteneinsteiger) kommen,
- dass an dieser privaten Schule auch ein Schulgeld erhoben wird,
- dass das personalisierte oder selbstregulierte Lernen eine wesentliche Rolle spielt, jedes Kind also einen eigenen Weg im eigenen Tempo wählen, seine eigenen Ziele verfolgen und sich den Arbeitstag selbst einteilen kann,
- dass jedes Kind von Lernbegleitern, die wissen, was an Lernstoff möglich und nötig ist, unterstützt wird,
- dass das Lernen nicht unter Leistungsdruck steht,
- dass die Teamarbeit der Pädagogen eine wesentliche Rolle spielt (Im Unterricht steht kein Lehrer allein, vier bis fünf Fachkräfte kümmern sich gemeinsam um die Schüler),
- dass die Schule ganztägig arbeitet und es keine Schulaufgaben und Hausaufgaben gibt, und
- dass ein entscheidender Faktor für den Erfolg der Schule die persönliche Einstellung der Lehrkräfte und ihre Bereitschaft ist, offen zu sein für die Veränderungen in der Schule. Darüber hinaus arbeiten sie mit den Eltern konstruktiv zusammen.

Aus dem Gespräch mit dem Schulleiter ging aber auch hervor, dass der Idealismus die Lehrkräfte nicht immer über alle Hürden trägt, dass es auch Zweifler oder Kollegen gibt, die keine Kraft mehr haben. Einige ließen sich überzeugen, andere haben die Schule verlassen. Auf jeden Fall habe sich der Schulleiter alle seine Lehrerinnen und Lehrer bewusst und unbeirrt aussuchen und zusammenstellen müssen (und können). Das Resümee laute: Inklusion sei anstrengend, aber sie lohne sich. Sie sei nicht zum Nulltarif zu haben. Die Jury, die den Schulpreis verlieh, war überzeugt, dass hier Lehrerinnen und Lehrer vor allem mit einem „unbedingten Willen" am Werk seien, „das ‚Anderssein` der Kinder und Jugendlichen radikal zu akzeptieren und wertzuschätzen."

Aufschlussreich ist die *Vorgeschichte der Schule*: Sie war ursprünglich eine „Schule für geistig Behinderte", die später zu einer inklusiven Grundschule und dann zu einer Integrierten Gesamtschule mit gymnasialer Oberstufe ausgebaut worden war. Dazu meinte der Schulleiter, es sei einfacher, aus einer Schule für geistig Behinderte eine inklusive Gesamtschule zu machen, als eine Regelschule in eine solche umzuwandeln. Damit bestätigte er nebenbei die in Bayern praktizierte Möglichkeit, dass auch *Förderschulen gemeinsamen Unterricht* mit nicht behinderten Kindern anbieten. Übrigens war auch die 2017 mit dem Jakob Muth-Preis ausgezeichnete *Antonius-von-Padua-Schule in Fulda* ursprünglich eine Förderschule für Kinder und Jugendliche mit dem Förderschwerpunkt geistige Entwicklung gewesen. Beginnend mit dem Schuljahr 2014 war diese in eine inklusive Grundschule umgewandelt worden.

Näher zu hinterfragen wäre die Besonderheit des Greifswalder Schulkonzeptes insofern, als angegeben wird, dass es fast *die Hälfte aller Schülerinnen und Schüler* sei, für die ein *„sonderpädagogischer Förderbedarf"* ermittelt worden ist. Es heißt, es handele sich um Kinder, die aufgrund einer geistigen oder emotional-sozialen Entwicklung besonders unterstützt werden müssten. Bei dieser hohen Zahl betroffener Schüler wäre es wichtig zu wissen, auf welche Weise und mit welchen Messwerten ihr Unterstützungsbedarf „diagnostiziert" worden ist. Es erscheint jedenfalls unwahrscheinlich, dass es sich dabei gänzlich um Kinder handelt, die hier „inkludiert wurden", d. h., die ohne das „Inklusionsmodell" eine Förderschule hätten besuchen müssen.

Diese Anmerkung sollte nicht allzu kritisch gesehen werden. Sie macht deutlich, dass es sich beim Greifswalder Projekt um eine spezielle Gruppe von Schülern handelt, die hier auf eine besondere Weise gefördert bzw. in ihrem Lernen unterstützt wird. Sie kann damit deutlich machen, dass es eine große Zahl Schüler gibt, die *in einer allgemeinen Schule* bzgl. ihrer Lernschwächen bisher nicht, wie es nötig gewesen wäre, besonders unterstützt worden sind. Was weitere Fragen zu den Bedingungen dieses Projektes betrifft, wie sie hier wiedergegeben worden sind und auch kritisch bewertet werden könnten, so muss ich, was deren literarische Nachweisbarkeit betrifft, feststellen, dass diese heute unter der von mir angegebenen Internet-Adresse (Deutsches Schulportal v. 14. Mai 2018) nicht mehr auffindbar sind. Stattdessen wird unter dem gleichen Datum 14.05.2018 vom Deutschen Schulportal, einer Initiative der Robert Bosch Stiftung, nur kurz und allgemein über die Preisverleihung an diese Greifswalder Schule berichtet. Wenn man das Greifswalder Erfolgsmodell – es gibt eine ganze Reihe ähnlicher Modelle in Deutschland – mit der aktuell allgemein verbreiteten Version von „gemeinsamem Unterricht" vergleicht, lässt sich im Ganzen gesehen sagen, dass es, wie wohl alle inklusiven Ansätze, eine *eigene Struktur* hat, also *nicht ohne weiteres zu verallgemeinern* ist. Die Gründe dafür sind u. a.:

- Die Schule bezieht sich bezüglich der Art der individuellen Unterstützungsbedürftigkeit auf einen bestimmten, also eingeschränkten Schülerkreis.
- Die Schule ist als private Schule finanziell bessergestellt als öffentliche Schulen, sodass sie über ein offensichtlich hinreichend großes Personal verfügen kann.
- In dieser Schule sind bezüglich der Einstellung zur Inklusion, Teamarbeit und didaktischen Flexibilität nur als geeignet ausgesuchte Pädagogen tätig.
- Die Schule unterwirft sich nicht dem üblichen allgemeinen Leistungsdruck.
- Die Schule bleibt unberührt von der Frage, ob es in ihrem Einzugsgebiet auch Schüler gibt, die wegen ihrer Behinderung diese Schule nicht besuchen können.

Insgesamt kann die Greifswalder Schule als positives Ausnahmemodell mit den nötigen Ressourcen und zahlreichen Chancen gegenüber den verbreiteten Inklusionsprovisorien gelten. Zugleich setzt sie aber auch Maßstäbe, wie schulische Inklusion praktisch gelingen kann.

Das Rügener Inklusionsmodell (RIM)

Ein anderes bekannt gewordenes Schulmodell mit einem inklusiven Ansatz ist das *Rügener Inklusionsmodell (RIM)*. Es wurde an den zwölf Grundschulen der Insel Rügen erprobt und weiterentwickelt. Das RIM bezieht sich auf ein gemeinsames Lernen mit Kindern, die in den Bereichen Lernen, Sprache sowie emotionale und soziale Entwicklung Lernbeeinträchtigungen aufweisen (Hartke 2017). Seit dem Schuljahr 2010/11 wurden hier vier Jahre lang alle Kinder des ersten und zweiten Schülerjahrgangs gemeinsam unterrichtet. Das Konzept orientierte sich an einem bewährten US-amerikanischen Modell, dem Response to Intervention-Approach (RTI). Dabei handelt es sich um einen klassisch *lernpsychologisch* angelegten, evidenzbasierten Lehr-Lern-Ansatz, der in der modernen Didaktik auch als „adaptives Lernen" bezeichnet wird und auf differenzierenden Lernstandsanalysen, unterschiedlichen und gestuften Lernangeboten für unterschiedliche Schüler je nach ihrem Lernniveau beruht und eine ständige Lernkontrolle des einzelnen Schülers erlaubt. Die Effektivität des adaptiven Lernens ergibt sich aus den individuell angepassten Lernangeboten.

Der Unterricht verläuft nach einem Stufenmodell entsprechend den unterschiedlichen Begabungen der Schüler in Formen innerer und äußerer Differenzierung. Das Ganze erfordert ein aufwendiges und regelmäßig anzuwendendes *Diagnostiksystem*. Eine Grundschullehrkraft und ein Sonderpädagoge arbeiten mit verteilten, systematisch geplanten Aufgaben und Rollen im Unterricht zusammen. Die Teamarbeit spielt eine wesentliche Rolle. Es ergänzen sich kooperativ die Lehrkraft einer Klasse, Sonderpädagoge, Schulpsychologe, Schulsozialarbeiter und Erzieher und zwar im Sinne der an den Schulen ohnehin üblichen inklusiv förderlichen Bestandteile der *allgemeinen Schulpädagogik*. Sie sind also nicht forciert auf eine völlig neue Schule ausgerichtet, wie das von Vertretern einer strikten Inklusionspädagogik gefordert wird. Bestimmend ist ausdrücklich ein *gemäßigtes und weites Inklusionsverständnis*, bei dem nicht nur die *soziale Teilhabe* im Vordergrund steht, sondern ebenso die besondere und optimale Förderung jedes Kindes. Im Unterschied zum radikalen Inklusionsansatz werden weder Leistungsmessungen (Diagnostik) noch das Leistungsprinzip im Sinne der gesellschaftlichen Allokationsfunktion der Schule (Anpassung der Schulleistungen an die Berufschancen) in Frage gestellt. Der Fachlichkeit der besonderen Förderung von Schülern mit Entwicklungsrisiken und der Vorbeugung von sonderpädagogischem Förderbedarf wird ein hoher Stellenwert beigemessen, nicht nur der Gemeinsamkeit des Lernens. Nähere Angaben über das Heilpädagogische der „besonderen Förderung", z. B. im Falle von Sprachstörungen, auch bezüglich der strukturellen Bedingungen des Modells, wären dienlich gewesen.

Dem nach vier Schuljahren beendeten Modellvorhaben RIM werden „*beachtliche pädagogische Erfolge*" zugeschrieben (Hartke 2017, 11; Voß et al. 2016). Im Ganzen gesehen lassen sich kurzgefasst zwei generell wichtige Erfolge vermelden:

- Im Vergleich zu einer Kontrollgruppe weisen signifikant weniger Kinder einen sonderpädagogischen Förderbedarf in den Schwerpunkten Lernen, Sprache und emotionale soziale Entwicklung auf.
- Alle Grundschulen auf der Insel Rügen haben sich zu inklusiven Regelschulen entwickelt. Der Besuch einer Sonderschule für Kinder mit geistigen, Seh- und Hörbehinderungen wurde zur Ausnahme (Hartke 2017, 11/12). (Es gibt auf der Insel Rügen auch Förderschulen bzw. Förderzentren.)
  Fasst man Berichte über besonders anerkennenswerte Modelle schulischer Inklusion zusammen, so erscheint Folgendes generell wichtig zu sein:
- Inklusion ist möglich, wenn die entsprechenden Bedingungen für einen hochwertigen gemeinsamen Unterricht gegeben sind.
- Die erforderlichen Bedingungen lassen sich nur unter bestimmten rechtlichen, regionalen, institutionellen und organisatorischen Umständen realisieren. Sie sind demnach nicht eo ipso überall gegeben, d.h. auf ein ganzes landesweites Schulsystem übertragbar, bilden also keine Standards.
- Die benannten Beispiele stellen keine zu verallgemeinernde „Erfolgsmuster" dar, sondern sind am ehesten als Best-Practice-Beispiele anzusehen. Darunter wird ein für bestimmte gegebene Bedingungen am besten geeignetes Lösungsmodell verstanden.

Best-Practice-Beispiele enthalten also lediglich eine unverbindliche Empfehlung, in ähnlicher Weise unter ähnlichen Bedingungen vorzugehen. Best-Practice-Modelle können unter anderen Bedingungen auch abgewandelt werden und so ihre Qualität verbessern.

Allgemein sei noch hinzugefügt, dass die vorliegenden Berichte keine hinreichende Klarheit über die Art und den Umfang der *besonderen* oder „sonderpädagogischen" Förderung der Kinder mit Behinderungen im Rahmen eines heterogen organisierten Unterrichts erbringen. Sie variieren offensichtlich erheblich von Schule zu Schule. Wie es heißt, unterscheiden sie sich von Formen des Unterrichts in Förderschulen vor allem dadurch, dass die pädagogisch spezielle Zuwendung zu einzelnen Schülern diese nicht zu Sonderlingen in der Schulklasse machen soll. Hinz spricht von einer „Umspezialisierung" der Sonderpädagogen (Hinz 2009, 174f.).

Auf jeden Fall stellen sich für alle beteiligten Lehrpersonen neue oder veränderte Aufgaben, auf die sie *vorbereitet* bzw. für die sie eigens *qualifiziert* sein müssen. Wie wichtig eigene und gezielte Qualifizierungsmaßnahmen für eine erfolgreiche Einführung des gemeinsamen Unterrichtes sind, zeigte u. a. ein Bericht über das inklusive Bildungskonzept im Kreis Mettmann auf (Hennemann et al. 2018). Das Besondere an diesem Beispiel eines kreisumfassenden, also regionalen Schulkonzeptes ist die Ausgangssituation: Die einzelnen Regelschulen wurden beim Aufbau ihres gemeinsamen Unterrichts nicht sich selbst überlassen, sondern im Verbund mit sechs *Kompetenzzentren für sonderpädagogische Förderung* angeleitet und unterstützt. Deren Aufgaben reichten von einer frühzeitigen präventiven Diagnostik über die wohnortnahe inklusive Beschulung, die individuelle Förderung und begleitende Diagnostik in der Schule, eine multiprofessionale Beratung bis zur Reintegration in die allgemeine Schule und zur Optimierung der Zusammenarbeit mit allen an der Erziehung und Bildung beteiligten Institutionen (Hennemann et al. 2018, 5).

Als Voraussetzung für das Gelingen dieses regionalen Schulkonzeptes wurde die Bedeutung der *Einstellungen* der einzelnen Lehrkräfte und Schulleiter sowie das *Schulklima* als besonders wichtig für das Gelingen des inklusiven Unterrichts angesehen. *Positives Denken, Engagement* und das Erleben von Selbstwirksamkeit sowie Berufszufriedenheit im Zusammenhang mit einem qualitativ hochwertigen Unterricht seien Voraussetzungen für das Gelingen schulischer Inklusion. Im Sinne dieser bedeutsamen Voraussetzungen und Bedingungen in Bezug auf die Einstellungen der Beteiligten wurden umfassende Fortbildungs- und Qualifizierungsmaßnahmen angeboten. Sie erstreckten sich über einen Zeitraum von 18 Monaten. Deren Ziel war es, die Lehrkräfte auf bestimmte Herausforderungen im Unterricht vorzubereiten und zu begleiten. „Zur Unterstützung der Lehrkräfte im Unterricht erfolgte ein wirksamer Kompetenztransfer zur gezielten evidenzbasierten Förderung" durch eigene „Inklusionsmoderatoren" (Hennemann et al. 2018, 8). Die Ergebnisse von über 180 Einzelfortbildungen wurden als „überaus positiv" beurteilt. Dabei misst sich eine erfolgreiche Inklusion an einer positiven Entwicklung der Schüler mit und ohne „erhöhten Unterstützungsbedarf" im Hinblick auf deren Schulleistung, emotional-soziale Kompetenzen und ihre Einbezogenheit in den Klassenverband. Im Ergebnis hätten diese prozessbezogenen Fortbildungsmaßnahmen einen positiven Einfluss auf die Einstellung zur Inklusion gehabt. Es heißt aber auch, dass sich alle untersuchten und begleiteten Gruppen (Eltern, Lehrkräfte und Schulleitungen) bezüglich der Möglichkeiten einer erfolgreichen Förderung und Unterstützung von Kindern in inklusiven Schulsettings „zurückhaltend" geäußert hätten (Hennemann et al. 2018, 10). Wenn eine Weiterführung dieser Qualifizierungsmaßnahmen als notwendig angesehen wird, so lässt sich daraus schließen, dass es sich generell um eine wichtige Begleitmaßnahme der schulischen Inklusion auf Dauer handelt. Der Bericht zeigt, wie wichtig systematisch angelegte Qualifizierungsmaßnahmen für den Start eines neuen Schulmodells, aber auch wie hoch die Anforderungen an die Persönlichkeit der Lehrerinnen und Lehrer sind.

3   Generelle Dilemmata des schulischen Inklusionsmodells

Bisher wurden vor allem kritische Aspekte einer *übereilt eingeleiteten Umsetzung des Inklusionsmodels* erörtert. Vor allem wurde das initiale Dilemma aufgezeigt, das dadurch entstanden war, dass das inklusive Schulsystem allein auf Kosten des bisherigen Förderschulsystems aufgebaut werden sollte. Im Folgenden werden *generelle Probleme und Dilemmata* des Inklusionskonzeptes dargelegt, die auch auf internationaler Ebene anzutreffen sind und weltweit als strittig bewertet werden. Sie sind vielfach ideologisch begründet und beziehen sich auf pädagogische und gesellschaftliche Bedingungen, die „Inklusion" als ungeklärtes Risiko erscheinen lassen und generell Verunsicherung auslösen: Des englische Inklusionsforscher Brahm Norwich hat sein Buch dazu daher passenderweise „Living with uncertainty" genannt (Norwich 2013).

3.1   Inklusion – ein mehrdeutiger Begriff

Es mag für manche erstaunlich sein, dass die zentralen Begriffe „inklusiv" bzw. (in der offiziellen deutschen Übersetzung) „integrativ", entsprechend auch „Inklusion" und „Integration", in der UN-BRK *nicht eindeutig definiert* sind. Für die einen beziehen sich diese Begriffe daher nur auf Regelschulen, anderen gelten sie für eine gemäßigte Position, die auch spezielle schulische Einrichtungen einschließt. Meines Erachtens ist diese *Mehrdeutigkeit* bewusst gewählt worden, um damit am ehesten unter den verschiedenen Länderbedingungen (Terminologien) adaptierbar zu sein. Mehrdeutigkeit in diesem Sinne bedarf allerdings näherer Erläuterungen, die vielfach in „Durchführungsverordnungen" nachgeliefert werden können. Als problematisch können sich dagegen Versuche erweisen, Eindeutigkeit durch politische Macht (Gesetze) von oben her zu erzwingen, d. h. zu verfügen. *Mehrdeutigkeit* ist also an sich nicht etwas absolut Abzuwehrendes. Dass dies gerade für freie und vielfältige Gesellschaft gilt, hat u. a. der mit dem Gottfried Wilhelm Leibniz-Preis ausgezeichnete Münsteraner Islamwissenschaftler Thomas Bauer in seiner kritischen Schrift „Die Vereindeutigung der Welt. Über den Verlust an Mehrdeutigkeit und Vielfalt" herausgearbeitet (Bauer 2018). Mehrdeutigkeit leiste unverzichtbar wichtige Dienste, wenn es um komplexe Phänomene geht, die nicht einfach im Schwarz-Weiß-Schema gegeneinandergestellt werden können, oder wenn es um Übertragungen von Begriffen in andere Sprachen und Kulturen gehe.

Eine grundsätzliche Frage bezieht sich darauf, ob *Inklusion differenzierbar* ist, d. h. ob es tatsächlich zutrifft, dass schulische Inklusion mit jeglicher schulischen *Differenzierung* oder „Aufteilung" und damit generell mit einem Weiterbestehen abgeteilter spezieller Schulen *unvereinbar* ist. Schon seit den 1970er Jahren wird der Leitspruch vertreten: „Integration ist unteilbar". Ist diese These stimmig? Zum einen ist zu sagen, dass erfahrungsgemäß nicht jede Gruppenbildung im Schulsystem zu einer Spaltung des Gefühls der Zusammengehörigkeit führt. Dieses sei, wie der Rechtswissenschaftler Reinald Eichholz (Eichholz 2012) feststellt, nicht von ständiger Gemeinsamkeit abhängig, bewirke also keine Exklusion oder Ausgrenzung, bedürfe aber ständiger pädagogischer Beachtung und Pflege. Wenn dieses Gemeinschaftsgefühl in einer Gruppe sicher verankert sei, verkraften Kinder Differenzierungen der Gemeinsamkeit, ohne soziale Teilhabe zu verlieren. Voraussetzung für diese Beständigkeit sei allerdings, dass die Trennung keine aufgezwungene sei und nicht als Isolierung empfunden wird. Allein die Tatsache, dass die meisten Eltern, besorgt um das Wohl ihres Kindes mit Behinderung, eine spezielle Schule wählen, macht es fragwürdig, in dieser Gruppierung eine schwerwiegende, der sozialen Zugehörigkeit widersprechende „Ausgrenzung" zu sehen. Eine solch völlige Kontradiktion von Inklusion und Exklusion, bei der der eine Begriff den anderen normativ ausschließt, ist genauer betrachtet wissenschaftlich fragwürdig. In der *Soziologie*, aus der das Begriffspaar Inklusion / Exklusion stammt, bilden beide Begriffe gleichsam zwei aufeinander bezogene Pole. Keiner von beiden ist ohne den anderen bestimmbar. Da in einer differenzierten *Gesellschaft* nicht jeder Mensch in alle gesellschaftlichen Segmente eingegliedert sein kann, also nicht allen Teilkulturen, Religionen, Parteien oder Interessensgruppen angehören kann, ist er stets auch von bestimmten Teilsystemen ausgeschlossen. Fazit: „Jede Inklusion erzeugt zugleich Exklusion" (Farzin 2006, 107). Oder anders ausgedrückt: Jeder Inklusion folgt „wie ein logischer Schatten" die Exklusion (Talcott Parsons, zit. b. Luhmann 1995, 262). Der Münchener Soziologe Nassehi (Nassehi 2006) spricht gar von der „paradoxen Einheit von Inklusion und Exklusion".

Ein *Beispiel* kann aufzeigen, dass die Überleitung eines Schülers mit Behinderung aus der (inzwischen geschlossenen) Förderschule in eine allgemeine Schule nicht zu einer Inklusion, sondern zu einer Exklusion führte. Das Beispiel stammt aus einem Zeitungsbericht (Böhme 2017) und bezieht sich auf einen Schüler, dem psychiatrisch eine „schwere Lerneinschränkung an der Grenze zur geistigen Behinderung" (Alagille-Syndrom) attestiert worden war: Sein größtes Problem sei die Schule. Schon in der Grundschule habe das Mobbing angefangen. Beim Fußballspielen, aber auch in der Klasse wurde er gehänselt, weil er die Fragen der Lehrer nicht verstand. Er kam in die Psychiatrie und dann in eine Sonderschule. Hier ging es ihm besser, denn es war „eine übersichtliche Schule" mit weniger Kindern in der Klasse, „fast mehr eine große Familie" (Böhme 2017), und er gehörte zu den besseren Schülern. Die Schule wurde aber geschlossen. Nun war der Schüler wieder da, wo er angefangen hatte, in einer Regelschule. „Es läuft nicht gut. Nach der Schule wirft er sich oft in Klamotten aufs Bett und steht bis zum nächsten Morgen nicht mehr auf. Er redet nicht über sich. Auf Fragen antwortet er nur: ‚Was denn!? Ist doch alles gut!'" (Böhme 2017, 22 f.).

Die Komplexität und Differenziertheit der Anforderungen und Chancen in der modernen Gesellschaft hat zwar für den Einzelnen vermehrte Chancen für Inklusionen erbracht, führe aber auch zu vermehrten Exklusionen (Luhmann 1997). Damit ist es für viele schwieriger geworden, *alle Möglichkeiten des Zugangs* zum gesellschaftlichen Leben zu nutzen. Die Folge sei eine *Verschärfung* der Spannung zwischen Inklusion und Exklusion (Luhmann 1997, 620).

Aus dieser entwickle sich eine „totalitäre Inklusionslogik", die verlange, dass jegliche Ausgrenzung „ausgemerzt" werde (Luhmann 1997, 626). Die damit verbundene Ausweitung des Begriffes „Ausgrenzung" auf „Aufspaltung" in Form schulischer Differenzierung hat dazu geführt, dass alle Umstände, die eine *volle* soziale Teilhabe behindern, heute generell als abzulehnende Exklusion gelten. Ein solches totalisierendes Verdikt gegen jegliche *Gruppenbildung* stellt jedoch im Schulsystem eine unerfüllbare Forderung dar. Es fragt sich auch, welche Instanz ein solches inklusives Einheitsschulsystem durchsetzen könnte. Der Staat? Gegen die Eltern? Wichtig ist für eine klärende Bewertung der hier vorliegenden Problematik, dass es einfach nicht bewiesen und wohl auch nicht belegbar ist, dass eine verordnete umfassende strukturelle Gemeinsamkeit des Lernens von Kindern mit und ohne Behinderung die einzig legitime und wirksame Basis für das Erlernen von sozialer Teilhabe ist. Angesichts der Vielfältigkeit der Normen, Chancen und Risiken in der heutigen Gesellschaft ist es selbstverständlich wichtig, mögliche soziale „Ausgrenzungen" im Auge zu behalten, um diesen vorzubeugen. Eine totalitäre Inklusionsideologie, die sich von jeglicher Aufteilung in Gruppen radikal distanziert, kann aber auch dazu führen, dass das Prinzip der *Inklusion* sein *Gegenteil* bewirkt: Die Radikalität einer *Vollinklusion* schließt rigoros andere Möglichkeiten eines inklusiv organisierten Schulsystems aus und zwar im Einzelfall ungeprüft hinsichtlich der individuellen Passung. Damit wird Vielfalt institutionell eingeschränkt. Der Radikalität, mit der die (Voll-)Inklusion vertreten wird, entspricht eine strikte Negierung differenzierender Konzepte und die Inanspruchnahme staatlicher Autorität als Mittel zur Durchsetzung. Der Soziologe Luhmann spricht von einer „totalitären Inklusionslogik" (Luhmann 1997, 626). Das Postulat einer Vollinklusion aller Menschen in die Gesellschaft stelle eine „Idealisierung" dar, die über gravierende Probleme hinwegtäusche (Luhmann 1997, 630). In Anbetracht der funktionalen Differenzierung der sozialen Systeme in der modernen Gesellschaft müsste sich auch schulische Inklusion *für Differenzierungen offen*halten, d. h. organisatorische Vorwegfestlegungen oder Verabsolutierungen vermeiden. Die jeweiligen Sozialkontexte sind ebenso unbestimmbar wie auch die Verschiedenheit der individuellen pädagogischen Anforderungen, insbesondere bei schwereren Behinderungen, die Grenzen für Einheitslösungen setzen.

3.2 Vielfalt – normativ unklar

Für das Konzept gemeinsamen Lernens und der sozialen Teilhabe von Kindern mit und ohne Behinderung spielt der Begriff *Vielfalt* oder *Verschiedenheit* einer Lerngruppe eine zentrale Rolle. In der Gemeinsamkeit menschlicher Vielfalt liegen unzweifelhaft wichtige Chancen für das Erlernen eines humanen Zusammenlebens. Es ist deshalb auch verständlich, wenn prinzipiell versucht wird, die pädagogischen Vorteile von Vielfalt zu nutzen. Bedenklich wird es aber, wenn dieser Aspekt verabsolutiert wird. Es sollte bedacht werden, dass wir nicht mehr in Zeiten leben, in denen Menschen mit Behinderungen per se sozial marginalisiert bzw. von der Gesellschaft ausgeschlossen werden. Unsere Gesellschaft hat längst und insgesamt eine stabilere ethische und sozialpolitische Grundlage, auf der soziale Teilhabe von Menschen mit Behinderungen als allgemeine soziale und moralische Verpflichtung gilt, auch in der Schulbildung. Allerdings ist die Schule nicht alleiniger Initiator und auch nicht einziger Garant dieser neuen gesellschaftlichen Zugehörigkeit von Menschen mit Behinderungen. Sie ist in vieler Hinsicht auch Teilhaber an einer Gesellschaft, die eine weithin *normativ plurale* Gesellschaft geworden ist. Die damit verbundene Vielfältigkeit erweist sich durchaus nicht einfach als ein *Wertzuwachs*, sondern auch als ein Problem.

Zu beachten ist, dass der Begriff „Vielfalt" an sich mit unterschiedlichen Wertungen besetzt ist, je nachdem, ob er *deskriptiv* oder *präskriptiv* verwendet wird. Der Begriff *Diskontinuität* macht das deutlich. Vor allem unter pädagogischem Aspekt gesehen kann „Vielfalt" auch eine negative Bedeutung erhalten. Zum Beispiel kann ein einziger Schüler, aber auch mehrere Schüler, mit seinem bzw. ihrem sozio-emotionalen Fehlverhalten eine Schulklasse spalten und die Erziehung und Förderung erheblich belasten oder unmöglich machen. Ich kann mich beispielsweise an einen Schüler in meiner „Förderklasse für erziehungsschwierige Kinder" erinnern, der mir vom Jugendamt mit dem psychiatrischen Vermerk angekündigt worden war, dass er „eine schwere Bedrohung für Leib und Leben seiner Mitschüler" darstelle.

In der aktuellen Inklusionsdiskussion wird diese unterschiedliche Wertigkeit von Vielfalt kaum beachtet. Der Begriff wird – vielfach ideologisch bedingt oder unbedacht – positiv konnotiert. Verpönt ist hingegen der Begriff der „homogenen" Schulklasse. Die Züricher Erziehungswissenschaftlerin Franziska Felder (Felder 2012) hat auf diese Einseitigkeit hingewiesen. Der Wert sozialer Teilhabe sei insofern ein *relativer*, als er von der *normativen Qualität* einer Gruppe oder der gesellschaftlichen Umwelt abhänge. Er liege also nicht im bloßen Zusammensein mit wem auch immer, sondern sei von seiner realen *sozialethischen Qualität* abhängig. Es sei wichtig, eine *faktische* und eine *ethisch-normative* Bewertung von Verschiedenheiten zu unterscheiden. Wichtig im Sinne der Wirksamkeit inklusiver Bildung sei, dass die zu unterscheidenden oder auffälligen Eigenschaften oder Verhaltensweisen innerhalb einer Gruppe tendenziell *normativ positiv* bewertet werden könne. Pädagogisch und zwischenmenschlich entscheidend sei ein verbindlicher Bezug auf ein *gutes und gerechtes Zusammenleben*. Ein positiver Effekt des gemeinsamen Lernens ist demnach abhängig davon, wie sehr in der faktischen Verschiedenheit Vorstellungen und Haltungen wirksam sind, die eine *ethisch* fundierte Gemeinsamkeit möglich machen. Das heißt, dass *nicht jegliche Vielfalt von Individuen* eine fruchtbare Entwicklung sozialer Teilhabe garantiere. Die dabei zu überwindenden Hindernisse seien nie nur geschädigte Körperfunktionen und nie nur gesellschaftliche Bedingungen (Felder 2012, 149). Es müsse vielmehr auch erkundet werden, inwiefern eine bestimmte Vielfalt begrüßenswert sei (Felder 2012, 150). Die Gleichheit der Grundlagen des faktisch Verschiedenen müsse auf ethischer Ebene liegen.

Damit kommt ein hoher pädagogischer Anspruch zum Ausdruck, der gerade heute bedeutsam ist, wenn man den inzwischen eingetretenen Werte- und Mentalitätswandel innerhalb der Gesellschaft bedenkt. Durch diesen gelten u. a. nicht mehr „die Gesellschaft" oder sonstige „allgemeine" soziale Werte und Autoritäten als primäre ethische Orientierungsfaktoren des Menschen, sondern *das eigene Ich*, die spezifisch eigene Identität, die *„singuläre* Authentizität" ist weithin zur generellen Richtschnur für die eigene Lebensgestaltung geworden (Reckwitz 2018). Für diese sei nicht mehr die soziale und *universelle* Orientierung am *Gemeinwohl* samt sozialen Rechten und Pflichten maßgebend, wie sie es noch für die Moderne mit ihrer Ausrichtung auf das Allgemeine, das Standardisierte und Generalisierte gewesen sei, sondern das „Singuläre" (Reckwitz 2018). Die Spätmoderne sei durch eine „Explosion des Besonderen" gekennzeichnet (Reckwitz 2018). Angestrebt werde das *Einzigartige* von Menschen, Gruppen (Organisationen) oder Theorien (Reckwitz 2018, 37). Das Subjekt verstehe sich nicht mehr primär als Gleicher unter Gleichen und wolle es auch nicht sein. Eltern z. B. seien vor allem daran interessiert, dass ihr Kind in seinen einzigartigen Fähigkeiten besonders gefördert werde; es solle sich von anderen abheben, besser sein als andere. Das Leben werde dabei nicht standardmäßig gelebt, sondern eigens und ausdrücklich in seiner Einzigartigkeit kulturell umpflegt. Das Subjekt wolle ein *besonderes Selbst* gegenüber den Anderen hervorbringen. Ihnen falle die Rolle des *Publikums* zu. Dieses „Authentisch-sein" des Einzelnen werde als ein rivalisierendes Attraktivsein gegenüber anderen gepflegt (Reckwitz 2018, 9). Die „Logik des Besonderen" als des spezifisch Subjektiven werde zum Primat und durchdringe sämtliche Bereiche des Sozialen.

Auch in anderer Hinsicht ist das Ziel der „sozialen Teilhabe" am gesellschaftlichen Leben gefährdet. Das, was „die Gesellschaft" ausmacht und sie zur alles bestimmenden Größe werden ließ, droht sich aufzulösen. Betroffen davon ist ganz allgemein das tradierte Gerüst von Sitten, Normen, Vertrauen, Gewohnheiten und Gesetzmäßigkeiten, die bestimmen, was allgemein als „normal" gilt. Davon ist alles, was als „nicht normal" im Benehmen des Einzelnen gilt, relativ klar unterscheidbar. Diese allgemeine „Normalität", an der sich jeder orientieren kann, ist am Zerfallen." Der Journalist Gabor Steingart spricht besorgt vom „Ende der Normalität" (Steingart 2011). Die alte Normierung der Gesellschaft werde von einer verunsichernden *Diskontinuität*, von einer „Inflation der Wirklichkeiten", von einem „Nebeneinander von falsch und richtig" abgelöst. Die Gesellschaft wechsle ihren „Aggregatzustand von fest auf flüchtig" (Steingart 2011, 15). Nur noch Kleinstgruppen könnten sich auf Teilnormalitäten verständigen (Steingart 2011, 17). Demnach kann das Bedrohliche eines „Endes der Normalität" darin gesehen werden, dass es dann auch das Nichtnormale, das „Abweichende" als etwas Bedeutsames, nicht mehr gibt oder zumindest in den Hintergrund gerät, z. B. das Leidende als eigene Kategorie. Ein besonderer Förderbedarf aufgrund einer Behinderung kann seine subjektive Bedeutsamkeit und Dringlichkeit verlieren, wenn im bloßen Anderssein alle als gleich gelten.

3.3 Bildungsstandards und Leistungsbewertungen als Inklusionsprobleme

Die Gemeinsamkeit des Unterrichts bringt es mit sich, dass in einer Schulklasse eine größere Varianz an individuellen Lern- und Leistungsfähigkeiten der Schüler entsteht. Es dürfte vor allem die Zahl der leistungsschwächeren Schüler zunehmen, zumal solcher, die vorher als „lernbehindert" galten und Förderschulen besuchten. Damit stellt sich im Sinne des Inklusionsprinzips ein unterrichtliches und viel diskutiertes Problem. Der englische Inklusionsforscher Brahm Norwich (Norwich 2010) spricht hier von einem *curricularen Dilemma*. Dieses bezieht sich auf die Unverträglichkeit zweier unterrichtlicher Prinzipien, der individuellen Adaptivität und der Standardisierung der Bildungsziele und −inhalte. Beide Bildungsziele haben im Bildungssystem ihren unverzichtbaren Sinn. Die Balance zwischen beiden wird im gemeinsamen Unterricht in der Weise aufgehoben, dass der individuellen Anpassung der Vortritt gegenüber den standardisierten Unterrichtszielen und -inhalten gegeben wird. Ein übergeordnetes Leistungsprinzip wird ebenso wie ein elitäres Bildungsverständnis als ein ausgesprochenes Inklusionshindernis angesehen. Unter dem Inklusionsaspekt stellt sich damit die pädagogische Aufgabe, dafür zu sorgen, dass sich die gegebenen Leistungsunterschiede nicht als Stigmatisierungen der schwächeren Schüler auswirken. Aus der inklusiven Unterrichtspraxis gesehen werden damit Leistungsvergleiche zwischen den Schülern problematisch bzw. obsolet, weil schwächere Schüler dadurch Abwertungen ausgesetzt würden.

Eine generelle Konsequenz wird darin gesehen, sich prinzipiell von jedem extern auferlegten Leistungsdruck, den sogenannten Bildungsstandards abzusetzen, die laut staatlichen Lehrplänen für alle

Schüler gelten. Vergleichende Leistungsmessungen sollten demnach im Sinne der generell intendierten gleichen Wertschätzung aller Schüler vermieden werden, um sicherzustellen, dass jeder Schüler die gleiche Achtung und Anerkennung erhält. Es soll kein Besser und kein Schlechter geben (Haeberlin 2011, 278). Die inklusive Regelschule distanziert sich auch ausdrücklich von einem „meritokratischen" Prinzip, bei dem hohe Leistungen angestrebt und besonders honoriert werden, aber auch von der in der ökonomisierten Gesellschaft als Leistungsgesellschaft stark ausgeprägten allgemeinen Leistungsorientierung.

Eine solche Leistungsrelativierung des Unterrichts kann jedoch zu mehrseitigen Problemen führen: Die Bedürfnisse der Schüler ohne Behinderungen, die ihr Recht geltend machen, sich an den vom Bildungssystem vorgegebenen Bildungsstandards zu messen, können zu kurz kommen. Umgekehrt könnte die Folge sein, dass das pädagogische Prinzip, gezielt Leistungsverbesserungen anzustreben, also gezielte „Förderung" zu praktizieren, an Geltung verliert. Es stellt sich zudem die Frage, an welchen Maßstäben sich eine Bewertung der Lernleistungen orientieren sollte, zumal Tests prinzipiell (Ausnahme „Rügener Modell") verpönt sind, weil sie Schwächen fixieren. Sollen nur oder vornehmlich subjektive Bedürfnisse maßgebend sein? In Frage steht auch der Sinn, den Schülern individuelle Rückmeldungen zu ihrem Leistungsstand, insbesondere durch Noten zu geben. Die Auffassung, eine Form individueller Leistungsbeurteilung zu finden, die Leistungsvergleiche ausschließt und sich im Wesentlichen auf individuell erreichte Unterrichtsziele konzentriert, die aber zugleich auch darauf gerichtet sein sollte, dass die Schüler die anzustrebenden Schulabschlüsse erreichen, um den Übergang in die nachschulische, gesellschaftliche Lebenswelt und damit die Inklusion in die Gesellschaft bzw. den Aufbau einer inklusiven Gesellschaft nicht zu gefährden, ist generell umstritten.

Ahrbeck (Ahrbeck 2014, 68ff.) hat auf die Spannung hingewiesen, die dadurch entstehen kann, dass sich die Schule von der gesellschaftlichen Realität abhebt, auf die sie sich gemäß ihrer Zielsetzung der sozialen Teilhabe eigentlich einzustellen hätte. Die inklusive Regelschule riskiert damit eine Paradoxie zwischen innerschulischen Wertsetzungen und Zielen und davon abgegrenzten, jedoch in der täglichen Lebenswelt nach wie vor wirksamen familiären und gesellschaftlichen Werten und Normen, u.a. auch im Widerspruch zum Interesse der Eltern. Diese könnten befürchten, dass ihr Kind in der Inklusionsklasse „weniger lernt", oder dass sich das Niveau des Schulabschlusses absenkt. Die Absenkung des Leistungsdrucks kann sogar ein Widerspruch zum Prinzip der freien Entfaltung der Persönlichkeit durch Bildung bedeuten. (Zur allgemeinen Problematik des Leistungsproblems in inklusiven Bildungssystemen siehe Textor et al. 2017).

Sicher zu Recht gilt das gegenwärtige allgemeine Leistungsprinzip als umstritten, zumal es immer stärker von ökonomischen und digitalen Maßgaben bestimmt wird. Allzu viele Kinder werden überfordert, vor allem dadurch, dass sich angesichts der Menge der zu erlernenden Bildungsinhalte deren unterrichtliche Abfolge beschleunigt. Es kann dadurch zu einer *Überforderung* der schwächeren Schüler kommen, was wiederum zu einer Absenkung des Leistungsniveaus der Schulklassen führen könnte, z.B. in internationalen Schulleistungsvergleichen.

3.4 Internationale Forschung – Grenzen gemeinsamen Unterrichts

Kritische Forschungsergebnisse zur Praxis inklusiver Bildung sind in Deutschland wenig bekannt. Um dieses einseitige Bild zurechtzurücken, wird im Folgenden auf die ausländische Forschungen Bezug genommen. Die Ergebnisse zeigen, dass das Inklusionsmodell weltweit viele Formen hat und auch in anderen Ländern umstritten ist.

Dilemmaforschung

Ein empirisches Bild genereller Probleme, die mit der Einführung des Inklusionsmodells in das Schulsystem verbunden sind, liefern die Ergebnisse der Dilemmaforschung, die der britische Inklusionsforscher Brahm Norwich ermittelt hat. Sie beruhen auf zwei internationalen empirischen Untersuchungen, die er bei Fachleuten der Pädagogik und der Verwaltung aus den USA, den Niederlanden und England in den Jahren 1993 und 2005 durchgeführt hat (Norwich 2007; 2008; 2018).

Unter dem Begriff *Dilemma* ist eine Zwangslage zu verstehen, die sich dadurch bildet, dass bei einer Wahl zwischen zwei Alternativen für die Lösung eines Problems keine von beiden klar zu favorisieren ist (Norwich 2008, 288). Im Deutschen spricht man auch von einer „Zwickmühle", denn jede Lösung einer Kontroverse, hier im Bereich schulischer Inklusion, hat nachteilige Folgen. Durch die Gegenüberstellung von zweierlei Wirkungen kann festgestellt werden, in welchem Ausmaß und mit welchem qualitativen Wert bei einer bestimmten Frage, etwa der Platzierung von Schülern mit schweren Behinderungen in generellen oder speziellen Schulen, die jeweiligen Antworten bestimmte unvermeidliche Nachteile nach sich ziehen. Zusätzlich zu dieser Methode der Ermittlung von Widersprüchen wurden in einem halbstrukturierten Interview Begriffe erklärt, Begründungen erfragt und gestufte Bewertungen abgegeben.

Norwich ermittelte drei Dilemmata: Das Identifikations-Dilemma, das Curriculum-Dilemma und das Lokalisierungs-Dilemma. Letzteres, auch Platzierungsdilemma genannt, wurde beispielsweise in folgender schriftlicher Form den Probanden vorgelegt:

"If children with moderate and severe disabilities (needing special education) are taught in general classrooms, then they are less likely to have access to scarce and specialist services and facilities. If children with more severe disabilities (needing special education) are NOT taught in general classrooms, then they are more likely to feel excluded and not be accepted by other children".

Im Ergebnis zeigte sich, dass es für Schüler mit schwereren Behinderungen bei einer Platzierung in inklusiven Regelklassen *Grenzen* gibt. Die Befragten aus den an der Untersuchung beteiligten Ländern gaben mit aller Klarheit an, dass für Schüler mit schwereren Behinderungen weiterhin spezielle schulische Einrichtungen nötig sind. Diese hätten also eine Zukunft, wenn auch in verkleinerter Anzahl

(Norwich 2008, 216). Die generellen Gründe dafür bezogen sich auf folgende vier Faktorenbereiche:

- Das Niveau der Funktionsfähigkeit des Kindes (meist eindeutig angewiesen auf Unterstützung und medizinische Begleitung, kombiniert mit besonderen Bedürfnissen aufgrund gewichtiger emotionaler, verhaltensmäßiger und intellektueller Schwierigkeiten/Disabilities).
- Die Art und Verfügbarkeit notwendiger Unterstützungsmaßnahmen in Bezug auf physische Sicherheit und die Verbindung zwischen generellen (allgemeinen) und speziellen Diensten.
- Die angebotene fachliche Spezialisation (spezielle Einrichtungen, Spezialisten und seltene Berufsgruppen).
- Interessensvertreter (Eltern, Vorbehalte von Lehrern).

Norwich beklagte zwar, dass der Dilemma-Forschungsansatz in der Inklusionsdebatte wenig Interesse fände, bringt diese Tatsache aber in Verbindung mit einem allgemeinen Mangel an Kritikbereitschaft. Er selbst vertritt aufgrund seiner Forschungen ein differenziertes Konzept schulischer Inklusion. Dieses gliedert sich nach drei speziellen pädagogischen Förderbedarfen: gemeinsamer Unterricht für alle, spezielle Gruppenbildungen und individuelle Förderung. Norwich hebt sein Konzept ausdrücklich von der Position des britischen Inklusionsforschers Melvin Ainscow ab, die wegen ihres Individualansatzes weniger einer „common pedagogy" gleiche als eher einem „separate schooling", aber auch wegen dessen Ablehnung jeder Lerngruppenbildung (Norwich/Lewis 2005, 4).

Australische Studie – internationale Vergleiche

Einblicke in internationale Unterschiede der Entwicklung des Inklusionsprojektes stammen von Wissenschaftlern und Praktikern der Fakultät für Erziehung und Sozialwerk der Universität Sydney (Armstrong 2015). Auffallend sind dabei große Unterschiede zwischen den entwickelten Ländern im Norden und den sich entwickelnden Ländern im Süden, die vor allem kulturell, ökonomisch und politisch bedingt sind (Armstrong et al. 2015, X). Im Norden ist die Umsetzung der Inklusionsidee, aber auch die Inklusionsrhetorik, bedeutend weiterentwickelt als im Süden. Hier sind auch die meisten der mehr als 100 Millionen Kinder auf der Welt konzentriert anzutreffen, die überhaupt keinen Zugang zum Schulsystem haben.

Auch in der Europäischen Union (EU) zeigten sich in der Studie beachtliche Unterschiede. Hier konkurrieren verschiedene politische Richtungen und Traditionen bzw. vornehmlich neoliberale ökonomische Interessen, sodass sich die Situation der Inklusion als komplex und konflikthaft darstellt. Durch einen Vergleich der Platzierungen und entsprechenden Organisationsformen zur Förderung von Kindern mit „Disabilities" oder „Learning Difficulties" und auch auf Grund statistischer Daten, wie sie etwa die European Agency for Development in Special Needs Education (EADSNE 2003) errechnet hat (vgl. Armstrong et al. 2015, 75), sei in Europa keine signifikante Wende in Richtung gemeinsamen Unterrichts zu erkennen. Gegenwärtig würden in Europa im Durchschnitt 2% aller Schüler in speziellen Klassen oder Schulen unterrichtet. In manchen von ihnen, vor allem in solchen mit einer langen Tradition spezieller Förderung, würde dieser Prozentsatz demnächst wieder steigen. Jedenfalls deuteten die existierenden Daten zur speziellen Förderung auf keine Evidenz einer signifikanten Wende zu inklusiven Praktiken hin (Armstrong 2015, 75). Mit dieser kritischen Situation sind Risiken sowohl für die einzelnen Schüler als auch für die einzelnen Schulen verbunden: Sie verfehlen die Ausschöpfung ihres Potentials. Wenn sich die Aufgabe der speziellen pädagogischen Förderung auf die Minimierung solcher Risiken konzentriere, führe dies zu einem fragmentierten und individualisierten pädagogischen Ansatz, der sich am Defizit des Kindes orientiere, oder es bleibe bei der Spannung zwischen getrennter und gemeinsamer Förderung (Armstrong 2015, 79).

Die auffallenden Verschiedenheiten im Verständnis und der Praxis von Inklusion beruhen auch auf verschiedenen Definitionen von Inklusion. Das Ergebnis sei ein „rutschiger" (slippery) Begriff von Inklusion. Insgesamt habe man es mehr mit Fragen als mit Antworten zu tun. Das entstandene Dilemma wirke in Bezug auf die Perspektive des Modells verunsichernd und führe zu dauerhaften Spannungen innerhalb des Schulsystems (Armstrong 2015, XI).

Wichtig ist mir die abschließende positive Bemerkung der australischen Autoren zu ihrer Studie. Die zutage getretenen Spannungen und Dilemmata um die schulische Inklusion sollte man auch als Lektion und Chance verstehen, aus der Wichtiges neu gelernt werden kann: Die Theorie und Praxis inklusiver Bildung habe sich zwar in vieler Hinsicht als Illusion erwiesen, stehe aber für Hoffnung und den Glauben an die Möglichkeit eines fairen und gerechten menschlichen Umgangs aller miteinander. Gerade durch kritische Auseinandersetzungen und ein kritisches Engagement für eine gute Idee könne die beste Lösung gefunden werden, wie auch immer sie am Ende aussehen werde (Armstrong 2015, 138). Das Ringen lohne sich also.

3.5 Kritische gesellschaftliche Entwicklungen

[4]Die generellen Bedenken gegenüber dem Inklusionsbeitrag der Schule beziehen sich nicht zuletzt auch auf kritische gesellschaftliche Entwicklungen. Zur Klärung und Deutung des Begriffspaares Inklusion/Exklusion kann die Soziologie beitragen, da beide Begriffe von dorther stammen – nämlich aus der soziologischen Systemtheorie, wie sie der amerikanische Soziologe Talcot Parsons begründet und Niklas Luhmann weiterentwickelt hatte (Farzin 2006). Farzin zitiert aus dieser frühen Zeit (1975) einen zentralen Satz N. Luhmanns: „Inklusion bedeutet, dass alle Funktionskontexte für alle Teilnehmer des gesellschaftlichen Lebens zugänglich gemacht werden" (N. Luhmann „Evolution und Geschichte" 1975; nach Farzin 2006, 7). Durch die Ausdifferenzierung von immer mehr gesellschaftlichen Teilsystemen sei die soziale Integration (Inklusion) zu einem Problem und damit zu einer neuen sozialen und politischen Aufgabe geworden. Als Folge könne sich auf der politischen Ebene eine „Vollinklusionsse-

---

[4] S. 103 – 105: Neuformulierung n. Speck 2016

mantik" ausbilden, die jedem Gesellschaftsmitglied gleiche Chancen zusichere. Entstehen könne dabei ein gesellschaftliches und individuelles Spannungsverhältnis, wenn durch eine entsprechende politische Inklusionssemantik die Inklusionsofferten an die Gesellschaft befördert werden, die postulierten Inklusionsmuster aber real nicht eingelöst werden können (Farzin 2006, 47). Dies zeige, dass „Inklusion von hoch differenzierten Kommunikationschancen abhängig" geworden sei, „die untereinander nicht mehr sicher und vor allem nicht mehr zeitbeständig koordiniert werden können" (Luhmann 1997, 625). Dabei zeigt sich, dass diese sich generell nur schwer bestimmen lassen, zumal die Bedingungen und damit die Begriffe selbst sich im Laufe der gesellschaftlichen Entwicklung gewandelt haben und weiter wandeln. Die zunehmende gesellschaftliche Differenzierung habe u. a. dazu geführt, dass an die Stelle *traditionsfester* Inklusionsmuster weithin stärker individuelle Inklusionsmuster getreten sind (Luhmann 1997, 620). Diese Individualisierung kann zu Schwierigkeiten der sozialen Entwicklung führen, da sich Struktur und Kommunikationsstile von Schule und Lebenswelt der Kinder heute in wachsendem Maße unterscheiden. Eine gängige ideologische Folgerung aus dieser Unbestimmtheit und Unsicherheit sei die Forderung nach „Herstellung von Einheitlichkeit". Was deren Verwirklichung betrifft, so hoffe man vor allem auf Zeit, eventuell auch auf „revolutionäre Nachhilfen". Gravierende Probleme entstünden vor allem dadurch, dass mit der funktionalen Differenzierung des Gesellschaftssystems die Regelung von Inklusion und Exklusion weitgehend auf die einzelnen Funktionssysteme übergegangen ist, aber keine politische Zentralinstanz vorhanden sei, die sie beaufsichtigen oder erzwingen könnte. Das einzelne Teilsystem, hier das Bildungssystem, sei nicht in der Lage, die entstehenden Probleme allein zu lösen (Luhmann 1997, 633). Es ist auf Kommunikation und Übereinstimmungen mit anderen Teilsystemen angewiesen. Hinzu komme heute eine unberechenbare Ressourcenabhängigkeit solcher Verwirklichungsziele.

Als hilfreich für die Überwindung der sich heute stellenden Inklusionsprobleme erweist sich aus soziologischer Sicht eine Unterscheidung von zwei begrifflichen Ebenen, einer normativen und einer funktionalen Ebene, auf die hier bereits hingewiesen wurde:

▪ Normativ gesehen gilt der Begriff „Inklusion" als gesellschaftlich zu verwirklichender Wert- oder Leitbegriff, um generell menschenrechtswidrige „Exklusionen" als gesellschaftliche „Ausgrenzungen" abzuwehren, z.B. wenn Menschen von den Grundrechten wie Schulbildung, Arbeit, soziale oder wirtschaftliche Partizipation ausgeschlossen werden. Die Aufgabe kommt allen funktionalen Teilsystemen der Gesellschaft zu, nicht nur dem Bildungssystem.

▪ Auf der funktionalen Ebene gesellschaftlicher Teilsysteme, wie hier dem Bildungssystem, zeigt sich, dass sich dieses aufgrund der enorm gewachsenen sozio-kulturellen Komplexität von Bildung sowie der Vielfalt unterschiedlicher individueller Lernfähigkeiten und Lebensperspektiven heute genötigt sieht, das gemeinsame Erziehungsziel durch funktionale Differenzierungen (implizite „Exklusionen") erreichbar zu machen. Dies geschieht z.B. durch differenzierte Zugehörigkeiten zu bestimmten Lerngruppen, wie Privatschulen oder außerschulischer Nachhilfeunterricht. Derartige funktionale oder partielle und/oder zeitlich begrenzte „Exklusionen" bilden jedoch nicht definitiv einen Widerspruch zur normativen Inklusion.

„So hat der Münchener Sozialpsychologe Heiner Keupp in einem Vortrag über ‚Gesellschaftliche Inklusions- und Exklusionsprozesse – gleichzeitig und widersprüchlich' auf einer Fachtagung des Bundesverbandes evangelische Behindertenhilfe e.V. (BeB) am 23.09.2014 in Bad Kreuznach darauf hingewiesen, dass Inklusion zwar eine große Freiheit verspreche, dass dies aber letztlich auch beinhalte, dass die Kinder aus einem Schutzraum entlassen und im Getriebe der Moderne mit deren gnadenloser Konkurrenz um Selbstdurchsetzung, Status und Geld ankommen, wo vom Einzelnen ein Höchstmaß an Flexibilität, Mobilität und Eigenenergie verlangt wird. Die Normen für Anerkennung und Zugehörigkeit seien Verwendbarkeit und ökonomischer Nutzen. Für Menschen mit Behinderungen könne daher Inklusion auch den Eintritt in eine normierte Leistungsgesellschaft bedeuten, in der sie mit der gesellschaftlichen Vielfalt nur dann etwas anfangen könnten, wenn für sie auch Gewinne zu erwarten sind. Von einem

‚entsicherten Bürgertum‘, von ‚aufgekündigten Solidaritäten‘ und von einer ‚deutlichen Vereisung des sozialen Klimas‘ ist sozialpsychologisch die Rede, wodurch schulisches Mobbing befördert werden kann" (Speck 2015, 66).

Eine Überwindung derartiger unsolidarischer Einstellungen und gesellschaftlicher Entwicklungen vor allem von „einer Schule für alle" zu erwarten, erscheint vermessen. Im Übrigen aber wäre es unverantwortlich, für dieses vage Ziel Kinder mit Behinderungen zu instrumentalisieren.

Aus soziologischer Sicht bietet sich eine weitere Erklärung dafür an, warum ein verfügter Ansatz schulischer Inklusion auf Probleme stoßen muss. Der bekannte Soziologe Hartmut Rosa hat in seinem Buch über „Unverfügbarkeit" (Rosa 2018) aufgezeigt, dass sich in der Spätmoderne eine schleichende Umwandlung unseres Verhältnisses zur Welt vollzogen hat: Für das einzelne Subjekt sei die Welt primär zu einem „Aggressionspunkt" geworden, d. h. zu einem Zielobjekt für die Erweiterung der eigenen Reichweiten und Möglichkeiten, sich die Welt verfügbar zu machen und letzte Hindernisse und offene Fragen auszuräumen. Die Möglichkeiten der Digitalisierung, die politökonomischen Steigerungs- und Optimierungszwänge und ein entfesselter Wettbewerb hätten eine neue Radikalität erreicht (Rosa 2018, 12) und entwickelten einen enormen Aufforderungscharakter. Rosa spricht von einer „Ideologie der Verfügbarmachung" (Rosa 2018, 77). Im Ergebnis aber funktioniere das „institutionell erzwungene und kulturell als Verheißung und Versprechung fungierende Programm einer Verfügbarmachung von Welt nicht nur nicht, sondern schlage „geradewegs in sein Gegenteil um" (Rosa 2018, 25). Beispiele globalen Ausmaßes seien u.a. die Klimaverschlechterung und das Problem der radioaktiven Strahlung, Probleme, die kaum mehr lösbar erscheinen. Aber auch im zwischenmenschlichen Bereich zeige sich als Bedrohung eine Zunahme der Beziehungslosigkeit im Sinne existentieller Unverbundenheit in Form von Anomie, Regel-, Ordnungs- und Gesetzlosigkeit des Lebens (Beispiel: Terrorismus). Diese „pathologischen" Zustände ließen sich aber durch Willensbeschlüsse nicht ändern. Es träte deshalb auch keine *soziale Resonanz* ein, keine zwischenmenschliche Beziehung „guten Lebens", kein Aufeinanderbezogensein mit einer wechselseitig verwandelnden Kraft, sondern Entfremdung. Jeder Versuch, z. B. das Gute einer Idee mit Macht durchzusetzen, scheitere nicht nur, sondern verringere Resonanz. Die Unverfügbarkeit sei auch darin zu sehen, dass Resonanz generell nicht machbar ist, sondern sich immer auch als ein Widerfahrnis ereignet, also Geschenkcharakter hat (Rosa 2018, 68). Im Übrigen seien die Verwirklichungschancen guter Ideen in einem hochgradig differenzierten und komplexen sozialen System wie der Schule sehr verschieden oder gar widersprüchlich. Dieser Faktor schrecke aber nicht ab, da wir es als Fortschrittsmenschen gewohnt seien, bisher Unerreichtes erreichbar zu machen, und Ideen, auch in Bezug auf das soziale Leben zum Wohle des Menschen (auch manipulativ) durchsetzen zu können, bisherige Probleme technisch zu verbessern, Systemstrukturen zuverlässig zu sichern, z. B. soziale Teilhabe zu „gewährleisten", kurz gesagt, die sozialen Aufgabenstellungen beherrschbar und kontrollierbar zu machen, vor allem durch ständig neue gesetzliche Regelungen. Eine lediglich offiziell angeordnete „Inklusion" bewirke eher das Gegenteil. Dies sei vor allem dann der Fall, wenn der Unterricht auf die Vermittlung von Kompetenzen und mess- und steuerbare Lernleistungen ausgerichtet sei. „Bildung" im eigentlichen Sinn könne so nicht funktionieren (Rosa 2018, 78f.). Die Selbstwirksamkeit werde behindert.

Mit dem Hinweis auf die Bedeutung des Unverfügbaren und dessen Anerkennung in pädagogischen Prozessen als Voraussetzung für belebende und verbindende Resonanzerfahrungen soll deutlich werden, dass die Umsetzung des Inklusionsprinzips in Schulen hierzulande allzu sehr vom Versuch bestimmt war, beschleunigt „Erfolge" verzeichnen zu können, auch in der Statistik. Das bezieht sich auch auf den Länder-Wettlauf, der sich allzu sehr auf organisatorische Maßnahmen bezogen hat. Inklusion im Sinne von Anderen zuhören und wechselseitig sozial Anteil nehmen entzieht sich einer organisierten Machbarkeit. Erforderlich ist stattdessen Zeit für ein Wachsen lassen, für offene Begegnungen und Interaktionen, zumindest aber die Einsicht, dass Inklusion als mitmenschlicher Prozess nicht einfach verfügbar ist, sondern eine stetige Herausforderung darstellt, der sich der Einzelne auch emotional und moralisch zu stellen hat.

Mit diesen Argumenten soll einerseits deutlich gemacht werden, wie wichtig heute eine neue Akzentuierung des pädagogischen Ansatzes der Inklusion als Gegenwirkung zu kritischen gesellschaftlichen Entwicklungen ist. Andererseits muss ohne Scheuklappen erkannt und beachtet werden, vor welchen Problemen und Schwierigkeiten das Projekt der schulischen Inklusion in Wirklichkeit steht, und welche Risiken für Kinder mit Behinderungen damit verbunden sind. Sie sollten auf keinen Fall aus ideologischen Gründen übersehen werden.

Auf die aktuellen soziologischen Befunde von Andreas Reckwitz (Reckwitz 2018) zur Realität einer „Gesellschaft der Singularitäten", in welcher die Beachtung sozialer Normen und Verpflichtungen und insgesamt das Gemeinwohl samt der wechselseitigen sozialen Anerkennung (Reziprozität) eine untergeordnete Rolle spielt, ist bereits hingewiesen worden. Diese Befunde bedeuten im Wesentlichen, dass es die gegenwärtigen gesellschaftlichen Bedingungen schwer machen, einem Projekt wie der Inklusion zum allgemeinen Durchbruch zu verhelfen, d. h. eine wirklich inklusive Gesellschaft hervorzubringen. Als Gegenmodell zur allgemeinen Entsolidarisierung aber behält das Projekt „Inklusion" seine grundlegende Bedeutung. Dieses umzusetzen setzt aber voraus, dass auch die damit verbundenen Probleme und Risiken für die pädagogische Praxis ernst genommen werden, um zu verhindern, dass Kinder mit Behinderungen Schaden nehmen.

4 Grundlagen für ein realisierbares inklusives Schulsystem

Die unterschiedliche Auslegung des Artikels 24 UN-BRK bildet den Kernpunkt des Ringens um eine hochwertige schulische Inklusion. Dabei geht es um den Grundbegriff „inklusives Schulsystem" und den Begriff „Inklusion": Bedeutet Inklusion bzw. inklusives Schulsystem den völligen Ausschluss von speziellen Schulen oder schließt er diese mit ein? Übereinstimmend wird festgestellt, dass Inklusion nicht klar definiert ist, also auch verschieden ausgelegt werden kann. In der gegenwärtigen Diskussion stehen sich zwei verschiedene Auslegungen gegenüber: Ein enger gefasster Inklusionsbegriff im Sinne einer Voll-Inklusion und ein weiter gefasster oder gemäßigter Ansatz von Inklusion, der unter bestimmten Bedingungen spezielle Schulen oder Schulklassen (in verringerter Zahl) einschließt.

Ein Ausweg aus der festgefahrenen Situation und damit eine Chance für eine Weiterentwicklung unseres inklusiven Schulsystems eröffnen sich im Rückgriff auf Quellentexte der Vereinten Nationen. Es kann aufgezeigt werden, dass hier ein *weiter gefasster Inklusionsbegriff* verankert ist, mit dem ein priorisiertes Doppelsystem von inklusiven Regelschulen und speziellen (Ausnahme-Schulen) legitimiert wird.

Als Beispiel sei u. a. der in den USA verwendete Begriff der „Integrations-/ und Inklusionsquote" genannt. Diese bezieht sich nicht etwa nur auf „inklusive" Schulen, sondern umfasst entsprechend den UN-Guidelines for Inclusion (2005) alle Kinder, die zum Schulsystem gehören. Als „ausgeschlossen" gelten demnach nur Kinder, die keine Schule besuchen. Der Terminus „Integration" bezieht sich auf nicht-weiße Kinder und der der „Inclusion" auf Kinder mit „Disabilities".

4.1 Inklusion als Bildung für alle – ein Menschenrecht

Zunächst muss darauf hingewiesen werden, dass das „Menschenrecht auf Inklusion", wie es in Artikel 24 der UN-BRK geltend gemacht wird, rechtliche Vorläufer hat. Es ist erstmals als „Recht auf Bildung" für alle Kinder in Artikel 26 der Allgemeinen Erklärung der Menschenrechte von 1948 niedergelegt worden. Rechtliche Einzelheiten dazu wurden 1989 in Artikel 28 des „Übereinkommens der Vereinten Nationen über die Rechte der Kinder" (Kinderrechtskonvention) näher ausgeführt. Zu nennen ist hier auch die „World Declaration on Education for All" (EFA) der Organisation der Vereinten Nationen für Bildung, Wissenschaft und Kultur (UNESCO) von 1990 sowie die Salamanca-Erklärung der UNESCO von 1994, in der es unter Punkt 3 heißt, es „sollen alle Kinder, unabhängig von ihren physischen, intellektuellen, sozialen, emotionalen, sprachlichen oder anderen Fähigkeiten, in Schulen aufgenommen werden", d. h. Schulen überhaupt besuchen können (UNESCO 1994). Es soll eine Schule „für alle" sein, in der „alle Kinder miteinander lernen". Es folgt die Einschränkung: „wo immer möglich" (UNESCO 1994). In Fällen „zwingender Gründe", die in der Entwicklungseigenart des Kindes und seiner Situation vorliegen, und die eine hinreichende Förderung verhindern, sollen Kinder in speziellen Schulen unterrichtet werden (UNESCO 1994). In den auf Integration ausgerichteten „Empfehlungen des Deutschen Bildungsrates zur pädagogischen Förderung behinderter und von Behinderung bedrohter Kinder und Jugendlicher" von 1973 war bereits „eine weitmögliche gemeinsame Unterrichtung von Behinderten und Nichtbehinderten" gefordert worden (Deutscher Bildungsrat 1973).

Eine besonders aufschlussreiche Quelle für eine Klärung ist die UN-Erklärung „Guidelines for Inclusion. Ensuring Acces to Education for All" (UNESCO 2005). Sie bezieht sich eigens auf die genannten Veröffentlichungen der Vereinten Nationen. Die darin enthaltene Forderung nach einer „Schulbildung für alle" (Education for All, EFA), d. h. auch für Kinder mit Behinderungen (Disabilities), wird damit begründet, dass es etwa 140 Millionen Kinder auf der Welt gibt, die überhaupt keine Schule besuchen können. Unter Ihnen sind Millionen Kinder mit „Disabilities". Es geht also beim Begriff „Inklusion" um das Bildungsrecht dieser Kinder, d. h. um deren Einschluss (Inclusion) in das Bildungssystem eines Landes. Das Menschenrecht auf schulische Inklusion ist demnach als „Recht auf Schulbildung für alle", im Speziellen auch für Kinder mit Behinderungen, zu definieren: „Inclusion in Education — a human right"! (UNESCO 2005, 12). Die Rede ist hier von einem „Twin Track", einem doppelgleisigen Ansatz:

> *„Another option is to reconcile the inclusive and specialised approaches in a ‚twin track' approach in which parents and learners decide whether to opt for an inclusive regular school or a special school initially, with inclusive education remaining the ultimate goal" (UNESCO 2005, 28).*

Dieser Text belegt, dass es eine UN-Option für ein doppelgleisiges Modell gibt und die Begriffe „Inklusion" und „inklusiv" in einem weiten und prinzipiellen Sinne verstanden werden. Es werden keine konkreten Trennungen und keine Festlegungen gefordert, wie das Bildungssystem eines Landes diese Aufgabe strukturell im Einzelnen zu regeln hat. Auf jeden Fall wird das Menschenrecht auf schulische Inklusion nicht allein auf Regelschulen bezogen. Das heißt, spezielle Schulen oder Schulklassen sind definitiv nicht ausgeschlossen und verstoßen nicht gegen das Menschenrecht auf Bildung, sondern sind von den „Guidelines for Inclusion. Ensuring Acces to Education for All" (UNESCO 2005) ebenso gemeint wie Regelschulen, selbst wenn sie die Ausnahme von der Regel bilden (UNESCO 1994). Die speziellen Schulen gehören damit eindeutig zum allgemeinen Bildungssystem, das in Artikel 24 UN-BRK mit „unentgeltlichem und obligatorischem Unterricht der Primar- und der Sekundarstufe" (UN-BRK 2008) umschrieben ist, und in dem in beiden Schularten die gleichen Schulabschlüsse möglich sind. Wenn die speziellen Schulen nicht Teile dieses Systems wären, bestünde die Gefahr, dass diese künftig vermehrt als private Schulen errichtet würden. Eine Konsequenz aus dieser Einbezogenheit der speziellen Schulen in das Menschenrecht auf Bildung für alle ist die, dass sich eine Diskreditierung oder ein genereller Ausschluss dieser schulischen Einrichtungen verbietet. Er könnte im Grunde auch als eine Missachtung eines Menschenrechtes ausgelegt werden. Terminologisch ist damit eine Veränderung der Begriffsinhalte verbunden: Da beide Schularten dem Inklusionsauftrag folgen, wäre die Aufteilung der Begriffe in „spezielle Schulen" einerseits und „inklusive Schulen" andererseits inkorrekt. Vielmehr kann nur von „inklusiven Regelschulen" oder „Schulen mit gemeinsamem Unterricht und speziellen Schulen" die Rede sein, wobei beide Subsysteme zusammen „das inklusive Schulsystem" bilden.

Zusammenfassend lässt sich feststellen, dass die genannten UN-Regelungen eine klare Rechtsgrundlage dafür bilden, nicht der engeren Deutung des Begriffs „Inklusion" im Sinne eines ausschließlich gemeinsamen Unterrichts als Menschenrecht zu folgen, sondern den weiter gefassten Begriff von Inklusion zu vertreten. Dieser bedeutet negativ ausgedrückt, dass kein Kind mit einer Behinderung vom Schulbesuch an sich ausgeschlossen werden darf. Demnach liegt von den Vereinten Nationen kein Verdikt gegen spezielle Schulen für Kinder mit Behinderungen vor. Besondere Schulen sind also genauso legitim wie inklusive Regelschulen. Mit einem Etikettenschwindel hat dies nichts zu tun, sondern eher mit der schlichten Tatsache, dass sich nach menschlicher Erfahrung nicht alles als das Beste für alle erweist, sondern es Umstände im Leben gibt, die sich nicht in ein Schema oder in Standards pressen lassen. So können sich Menschen mit Behinderungen durchaus auch aufgrund ihrer persönlichen Situation oder bestimmter Bedarfe und Interessen in einer Umwelt, in der sie angemessenen unterstützt werden, wohler fühlen als in einer erzwungenen Gemeinsamkeit beliebiger Vielfalt.

4.2 Ein dual-inklusives Schulsystem

Es ist eigens zu betonen, dass die Legitimität spezieller Schulen nicht durch ein „Doppelpack" mit inklusiven Regelschulen begründet wird, sondern es sich um zwei zusammengehörige, also komplementäre Einheiten oder Subsysteme handelt. Dabei gilt das Regelschulsystem als optional priorisiert gegenüber den speziellen Schulen und beide Schulformen bilden eine Zweiheit von *Regel und Ausnahme*. Das

Verhältnis zwischen *Regel und Ausnahme* ist sprachlogisch ein komplementäres: Eine Ausnahme setzt voraus, dass es auch eine Regel gibt. Dementsprechend gibt es auch den Umkehrschluss, dass etwas, was als Regel gilt, z. B. „Regelschulen", auch auf andere oder ähnliche Schularten als Ausnahmen im gleichen Schulsystem schließen lässt. Die individuelle Zuordnung zur Regel oder zur Ausnahme unterliegt im Allgemeinen einer individuellen juridisch geregelten Überprüfung und Entscheidung. Ausnahmen von einer Norm und ihrer Bewertung gibt es nicht nur im Bereich rechtlicher und organisatorischer Regelungen, sondern auch im zwischenmenschlichen Bereich, denkt man etwa an Kinder oder Jugendliche, die durch ihr Verhalten oder ihr Äußeres auffallen. Sie sind nicht einfach „Sonderlinge"; sie sollten auch nicht zu Objekten von Versuchen gemacht werden, sie „einzuordnen". Sie repräsentieren vielmehr etwas ausgesprochen Menschliches. Sie haben ein Recht, nach ihren Fähigkeiten, Eigenheiten und Bedürfnissen ihr Leben in einer Gemeinschaft leben und auf ihre Weise lernen zu können, ohne relativ hilflos Unverständnis und Isolierungen ausgesetzt zu sein. Ich kann mir durchaus eine „inklusive Gesellschaft" vorstellen, in der sich Kinder und Erwachsene mit einer Behinderung (zeitweilig) in einer ihnen angemessenen Umwelt oder Institution wohler und besser unterstützt fühlen und diese Menschen deshalb nicht ausgeschlossen werden bzw. die jeweilige Institution als anormal diskreditiert wird. Aus diesem Blickwinkel heraus wird deutlich, dass eine gelingende Inklusion auch auf eine allgemeine Moral begründet sein muss. Der inklusionsbezogene kategorische Imperativ könnte lauten: Gib acht, dass du keinen Menschen ausgrenzt!

Das komplementäre Verhältnis von Regel und Ausnahme wird durch gängige Redewendungen bestätigt: „Ausnahmen bestätigen die Regel" oder „Keine Regel ohne Ausnahme"! Wenn es sich um eine definierte „Regel" handelt, z. B. um „Regelschulen", ergeben sich daraus definitiv Ausnahmen von der Regel als Abweichungen bzw. Sonderfälle von einer Norm. Das bedeutet: Wenn keine Ausnahmen vorgesehen sind, z. B. bei einer „Vollinklusion", verliert die Bezeichnung „Regelschule" ihren Sinn, weil es dann nur die gesetzlich vorgeschriebene Schule für alle ohne Ausnahme geben würde. Die Bezeichnung „Regelschule" ist also nur anwendbar, wenn es sich um Schulen handelt, die zwar die Regel bzw. die Norm eines Schulsystems bilden, die aber auch Ausnahmen einschließen, nämlich spezielle Schulen.

Ein zweiter Gesichtspunkt des dual-inklusiven Schulsystems ist sein priorisiertes System: Regelschulen wird gegenüber speziellen Schulen definitiv Vorrang gegeben. In der UN-Erklärung von 2005 ist vom „ultimate goal", also dem letztlich anzustrebenden Ziel, die Rede (UNESCO 2005). Dies schließt ein, dass die Regelschule als Norm über eine derart schulisch differenzierte Qualität und Kapazität verfügt, dass Schule in der Lage ist, das Maximum der Schüler mit besonderem Unterstützungsbedarf in eigener Regie angemessen und hochwertig zu fördern. In der Salamanca-Erklärung der UNESCO von 1994 heißt es unter Punkt 8: „Die Zuweisung von Kindern zu Sonderschulen – oder zu ständigen speziellen Klassen oder Einrichtungen innerhalb einer Schule – sollte die Ausnahme sein" (UNESCO 1994). Das heißt: Nur in dem Maße, in dem eine Regelschule nicht in der Lage ist, einem höheren individuellen Förderbedarf von Kindern zu entsprechen, gilt die spezielle Schule oder Schulklassen als legitime Ausnahme von der Regel. Mit dieser Priorisierung stimmt auch mein allgemeiner Grundsatz überein, den ich schon während der Beratungen des Deutschen Bildungsrates 1973 vertreten habe: *So viel Gemeinsamkeit als möglich und sinnvoll und so wenig Besonderung als unbedingt nötig!* Das bedeutet schulpolitisch gesehen: Die Schulträger sind verpflichtet, beide Schulformen sowohl personell als auch sächlich so auszustatten, dass sie ihrer speziellen Aufgabe in vollem Umfang genügen können.

Aus den Guidelines for Inclusion (UNESCO, 2005) geht klar hervor, dass beide Schulformen als Subsysteme eines inklusiven Schulsystems miteinander vereinbar sind, wobei das „ultimative", d. h. das letztlich anzustrebende Ziel, eine Übernahme in eine inklusive Regelschule bestehen bleibt. Diese Doppelgleisigkeit schulischer Inklusion ist Realität in allen Ländern der Welt (Ahrbeck 2018). Die Vereinbarkeit von inklusiven Regelschulen und speziellen Schulen oder Schulklassen findet sich u.a. auch in den Schlussfolgerungen von Norwich (Norwich 2018) zu seinen Dilemma-Analysen: Eine Mehrheit der befragten Fachleute aus den verschiedenen Ländern macht Grenzen der Förderung für Schüler mit schweren Behinderungen in

Regelschulen geltend und sprechen sich für die Beibehaltung der speziellen Schulen aus, allerdings in verkleinerter Zahl. Norwich spricht von einer „Balance" beider Lösungsmöglichkeiten (Norwich 2008, 216). Dieser Ausdruck beinhaltet die gleiche qualitative Gewichtigkeit sowie den gleichen Sinn und Wert beider komplementärer Subsysteme im Sinne eines „mixed model" (Norwich 2008, 216). Anthropologisch gesehen wäre es demnach nicht gerechtfertigt, den (bisherigen) Ansatz, der von den besonderen Bedürfnissen (Special Needs) abgeleitet wurde, abzuwerten oder gar als Widerspruch gegenüber dem Inklusionsansatz als Menschenrecht anzusehen. Allgemeine Menschenrechte beziehen sich definitionsgemäß immer auch auf die besonderen Bedürfnisse bestimmter Menschen, damit sie mit ihrer Behinderung menschlich leben können (Norwich 2013, 162). Seine Schlussfolgerungen führt Norwich auf seine persönliche Einstellung zurück, die er zwar mehr als konservativ, aber nicht als rückschrittlich versteht, sondern als offenen Idealismus: „Ich neige mehr einer realistischen als einer utopischen Version von Idealismus zu" (Norwich 2013, 163).

Natürlich steht der „Twin-Track Approach" auch im Widerstreit mit dem Ansatz einer Vollinklusion. Lindmeier (Lindmeier 2018) berichtet u.a. von einer „Bonner Erklärung" der Deutschen UNESCO-Kommission (Bonn), in der die Teilnehmer einer Tagung zum Thema „Inklusion — Die Zukunft der Bildung" am 20.03.2014 dem Twin-Track-Ansatz „vehement" widersprochen hätten. Gefordert worden sei,

„das bestehende Doppelsystem aus Sonder- und Regelschulen gemeinsam mit den Schulträgern planvoll zu einem inklusiven Schulsystem zusammenzuführen, dabei die materiellen Ressourcen und die sonderpädagogische Kompetenz der Lehrkräfte aus den bisherigen Sonderschulen zur Beratung und Unterstützung inklusiv arbeitender Bildungseinrichtungen einzusetzen" (Lindmeier 2018, 15).

Genau diese Lösungsmöglichkeit war es allerdings, die die abrupte Schließung zahlreicher Förderschulen auslöste, in mehreren Bundesländern zu einer Schulkrise führte und dem Konzept der schulischen Inklusion beträchtlichen Schaden (Breyton: Das Comeback der Förderschule. In: Welt online v. 27.03 2018). Im Übrigen kann von einer Repräsentativität der „Bonner Erklärung" nicht die Rede sein: Aus einer Presseerklärung zu dieser Tagung, aber auch aus den Thesen, die auf dieser Tagung im Konsens vertreten wurden, geht hervor, dass es sich bei den Teilnehmern im Wesentlichen um Befürworter einer Vollinklusion gehandelt habe. Dass es auch Relativierungen dieser Ansichten gibt, lässt sich u. a. aus der Schrift „Inklusion – Leitlinien für die Bildungspolitik" der Deutschen UNESCO-Kommission schließen, wo es heißt: „Ein inklusives Bildungssystem kann nur geschaffen werden, wenn die Regelschulen inklusiver werden" (UNESCO 2014, 10), was nicht ein vollständiges Verdikt eines dualen Ansatzes durch die UNESCO bedeutet. Bei der Landtagswahl 2017 in Nordrhein-Westfalen urteilten die Eltern anders: Sie waren eindeutig gegenteiliger Meinung. Die Schulpolitik war das wichtigste Wahlthema. Dazu gehörte auch „die Inklusion": Der Schulministerin „fehlten schlicht die Mittel, um die Schulen angemessen auszustatten" (Spiegel Online v. 15.05.2017).

Lindmeier (Lindmeier 2018) führt eine Erklärung der Monitoringstelle des Deutschen Instituts für Menschenrechte (2017), in der eine „Allgemeine Bemerkung Nr. 4 des UN-Ausschusses für die Rechte von Menschen mit Behinderungen" wiedergegeben wird, als weiteres Argument an. In dieser Stellungnahme wird zum Ausdruck gebracht, dass in einem zusätzlichen Sonder- oder Förderschulsystem ein Widerspruch zu Artikel 24 der UN-BRK zu sehen ist. Das ist neu! Heiner Bielefeldt, der frühere Direktor des Deutschen Instituts für Menschenrechte, hatte 2010 in einem Artikel das genaue Gegenteil erklärt:

> *„Der Anspruch der inklusiven Bildung lässt sich allerdings nicht auf eine schlichte Formel bringen. Er ist nicht etwa gleichbedeutend mit der pauschalen Abschaffung des Förderschulsystems, und es wäre nachgerade absurd, den Begriff Inklusion zum Vorwand für den Abbau sonderpädagogischer Fachkompetenz zu nehmen"* *(Bielefeldt 2010, 67).*

Die generelle Anerkennung der speziellen Schulen geht indirekt auch aus einem Kontrollschreiben der UN-Behörde zur Umsetzung der UN-BRK hervor: Im Antwortschreiben vom 17. April 2015 auf den deutschen Bericht zur Lage der Umsetzung der UN-BRK, Artikel 24, wird lediglich eine Verringerung der Quote der Förderschüler moniert, nicht aber der Nichtvollzug einer Schließung der Förderschulen. Unter Ziffer 46 b heißt es lediglich, die Quote der Förderschüler in Deutschland sei noch zu hoch und solle gesenkt werden, damit mehr Schüler Regelschulen besuchen können („Scale down segregated schools"). Zu zitieren ist hier auch ein Satz aus der Stellungnahme der Monitoring-Stelle des Deutschen Instituts für Menschenrechte vom 31. März 2011, wo es heißt: „Das Gesetz sichert den Vorrang des gemeinsamen Unterrichts von behinderten und nicht behinderten Kindern in den Primar- und Sekundarstufen I und II." Dieser Satz — er steht im Anhang der genannten Stellungnahme — bedeutet, dass es — wenn es einen Vorrang gibt — es auch einen Nachrang geben muss. Damit aber dürften spezielle Schulen oder Klassen gemeint sein. Insgesamt ist zum Verhältnis von gemeinsamem und speziellem Unterricht Zweierlei anzumerken:

▨ Was die Aufforderung zur „Senkung" von Schülerzahlen in speziellen Schulen betrifft, stellt sich zunächst die Frage, warum der eingeleitete Inklusionsansatz nicht zu der erwünschten stärkeren Senkung der Förderschulquote geführt hat. Die Eltern von Kindern mit Behinderung wählen nach wie vor mehrheitlich Förderschulen für ihre Kinder. Immerhin sollte hier aber erwähnt werden, dass die Förderschulquote im Bereich des Förderschwerpunktes „Lernen" inzwischen nahezu halbiert werden konnte. Ansonsten darf noch einmal zusammenfassend festgestellt werden, dass der von einigen Bundesländern eingeschlagene Verfahrensweg, Förderschulen zu schließen, um inklusive Regelschulen zu ermöglichen, ohne diesen die entsprechenden Voraussetzungen für einen „hochwertigen" gemeinsamen Unterricht zu ermöglichen, sich nicht als geeignet erwiesen hat. Daher lässt sich eine realistische Alternative nur in einem differenzierten Schulsystem erkennen. Eine weitere Senkung der Förderschulquote kann nur das Ergebnis eines gelungenen Aufbaus eines

„hochwertigen" inklusiven Unterrichts an Regelschulen sein. Erst wenn Eltern überzeugt sind, dass die Praxis einer inklusiven Regelschule für ihr Kind eine bessere Alternative als eine spezielle Schule darstellt, wird die Förderschulquote sinken.

▪ Eine Diskreditierung spezieller Schulen als „segregierende" oder „ausgrenzende" Schulen wird im UNESCO-Dokument von 2005 nicht geteilt. Spezielle Schulen werden hier nicht als exkludierende Schulen verstanden, soweit sie zum Wohle des Kindes wichtig und notwendig sind. Sie werden im Gegenteil wegen ihrer „hohen pädagogischen Förderungsqualität" (high quality education) für bestimmte Schüler sogar als angemessener (more appropriate than „inclusion" in a regular school) ausgewiesen (UNESCO 2005, 28). Eine Exklusion ist demnach erst dann gegeben, wenn ein Kind aus dem gesamten Schulsystem ausgeschlossen werden würde („excluded from school").

In einem gemeinsamen Statement von Bund und Ländern unter Federführung des Bundesministers für Arbeit und Soziales (German Statement concerning the Draft General Comment on Article 24 CRPD) wurde 2015 gegenüber dem UN-Fachausschuss Convention on the Rights of Persons with Disabilities (CRPD) von deutscher Seite klargestellt, dass alle Kinder und Jugendlichen mit besonderen pädagogischen Bedürfnissen das Recht und die Pflicht haben, Schulen zu besuchen, ob allgemeine Schulen oder spezielle Schulen. Die Option, eine spezielle Schule zu besuchen, habe in Deutschland eine lange Tradition. Außerdem hätten laut Grundgesetz die Eltern inzwischen das Recht, zwischen Regelschulen und Sonderschulen zu wählen. Alle Bundesländer seien bestrebt, ein „differenziertes Schulsystem" im Sinne der Inklusion aufzubauen. Zurückgewiesen wurde auch die pauschale Behauptung, die pädagogische Förderung an Sonderschulen sei von geringerer Qualität. Demgegenüber wurde die aufwendige Ausbildung der Lehrer an Sonderschulen geltend gemacht. Eine deutliche Stellungnahme der Bundesregierung, die der Realität und Legalität des Schulsystems entspricht.

Was die nächsten Schritte zur organisatorischen Verwirklichung eines dual-inklusiven Schulsystems betrifft, so dürfte der Vorrang nicht mehr wie bisher der Schließung spezieller Schulen zukommen, sondern den dringend benötigten Investitionen in inklusive Regelschulen.

4.3 Der Inklusionsbeitrag spezieller Schulen

Die qualitative Umstellung auf einen gemeinsamen und erfolgreichen Unterricht an Regelschulen ist die eine Seite des dual-inklusiven Schulsystems. Die andere Seite bezieht sich auf den Aufgabenbereich der speziellen Schulen. Auch dieser steht unter pädagogischem Inklusionsgebot, d. h. der Erziehung zu sozialer Teilhabe. Dazu ist Folgendes anzumerken: Grundsätzlich reichen Inklusionsaufgaben der speziellen Schulen über das hinaus, was das „soziale Lernen" als Unterrichtsfach in Regelschulen ausmacht, denn seit Verabschiedung der Empfehlungen des Deutschen Bildungsrates (1973) gilt die „soziale Integration" auch als eine spezifische Aufgabe der speziellen Schulen (Speck 1987, 406ff.). Unterricht und Schulleben sind prinzipiell und direkt auf die Vermittlung *sozialer Teilhabe* gerichtet, d. h. auf das Erfahren und Miterleben der Lebenswelt, aber auch umgekehrt auf das Hereinholen der Lebenswelt in das Schulleben. Das Unterrichts- und Erziehungsziel kann darin gesehen werden, dass Schüler zur Gewissheit gelangen, dass ihre Schule keine Insel ist. Schule trennt sie nicht von ihrer Lebenswelt, sondern ermöglicht ihnen Chancen, sich in ihrer Lebenswelt als zugehörig erleben zu können. Dadurch können sie zuversichtlicher in die Zukunft schauen. Kurz: Das Ziel ist es, Schülern möglichst viel Inklusivität zu vermitteln. Entsprechende Unterrichtsprojekte werden dabei besonders wichtig sein.

Adressat und Partner der Förderschulen sind die Regelschulen, wobei die Initiativen zur Anregung und Planung solcher *Kooperation* am ehesten den Förderschulen zukommen dürfte. Das bedeutet, dass diese im Sinne des Inklusionsauftrags nicht mehr in der ursprünglichen Eigenständigkeit im Sinne von Selbsterhaltung und Funktionalität agieren, sondern vermehrt auf Kooperation und gegenseitige Unterstützung innerhalb des inklusiven Schulsystems ausgerichtet sind: „Integration (Inklusion) durch Kooperation" (Heimlich 2003, 193). Als komplementärer Teil des schulischen Inklusionssystems kommt den Förderschulen generell eine *Brückenfunktion* und primäre Verantwortlichkeit gegenüber den Regelschulen zu. In dieser Hinsicht erhalten fest installierte gemeinsame Schulklassen, wie Partnerklassen, Tandemklassen oder Mobile Dienste eine besondere Bedeutung.

Eine wichtige Aufgabe der speziellen Schulen stellt aufgrund ihrer „sonderpädagogischen" Expertise gegenüber den Regelschulen ihre Funktion als *Kompetenz- und Beratungszentren* dar. Sie unterstützen die Regelschulen hinsichtlich der Beurteilung und Förderung von Kindern mit Behinderung. Diese Funktion wird im Leitfaden der Deutschen UNESCO-Kommission „Inklusion: Leitlinien für die Bildungspolitik" ausdrücklich hervorgehoben. Verwiesen sei auch auf das Beispiel des regionalen Schulmodells im Kreis Mettmann (Kap. 2.11), bei dem den sonderpädagogischen Kompetenzzentren eine zentrale Bedeutung für das ganze Inklusionsmodell zugesprochen wird (Hennemann et al. 2018). Diese Aufgabe erstreckt sich auch auf die Kommunikation mit den *Eltern*. Umgekehrt sind die Förderschulen selbst bestrebt, ihre eigene Lernwelt möglichst für die Umwelt der Schüler zu öffnen bzw. sich in diese zu integrieren. Dazu gehört beispielsweise die Möglichkeit, gemeinsamen Unterricht mit Schülern ohne Behinderung anzubieten, wie z. B. bei der mit dem Deutschen Schulpreis 2018 ausgezeichneten Martinschule in Greifswald oder inklusiven Förderschulen in Bayern.

Als ein wichtiges und fest verankertes Merkmal der Förderschulen in einem dual-inklusiven Schulsystem muss künftig deren *Durchlässigkeit* gelten. Die Bedeutung dieses Leitbegriffes hat mit dem vielfach tradierten Vorwurf oder Vorurteil zu tun: „Wer als Schüler in die Sonderschule kommt, kommt dort nicht mehr oder nicht so bald wieder heraus"! Ein Beispiel aus der Gegenwart kann zunächst den Sachverhalt an sich veranschaulichen (WELT v. 07.03.2017): Einem Bericht zufolge, der 2017 durch die deutschen Medien ging, war bei einem Schüler ein Intelligenzquotient von 60 ermittelt worden, worauf hin dieser in eine „Schule für geistig behinderte Kinder" eingewiesen worden war und dort elf Jahre lang verblieb (Himmelrath 2018). Nach einem Umzug der Familie wurde bei diesem Schüler in der neuen Schule ein IQ von 96 gemessen. Er schaffte sogar seinen Hauptschulabschluss. Bei einer regelmäßigen Testung hätte eine jahrelange Fehlplatzierung verhindert werden können. Möglicherweise liegt der Grund für das anfänglich schlechte Testergebnis und die schwachen Schulleistungen des Schülers darin, dass er ausländischer Herkunft war und deshalb die deutsche Sprache nicht genügend beherrschte. Als 20-Jähriger hatte er das Land Nordrhein-Westfalen verklagt, weil er zu Unrecht als geistig behindert eingestuft und daher zum Besuch einer Förderschule gezwungen worden war. Er erhielt Schadenersatz und Schmerzensgeld.

An sich bestand ein Rückführungsgebot schon seit Jahrzehnten. In der Empfehlung zur Ordnung des Sonderschulwesens war von der KMK schon 1972 verfügt, dass ein Schüler der Sonderschule, bei dem „die Gründe entfallen, die seine Aufnahme in eine Sonderschule notwendig gemacht haben, ... der seiner Leistungsfähigkeit angemessenen allgemeinen Schule zu überweisen" sei (KMK 1972, 15). Die Wirkung dieser Bestimmung muss mäßig gewesen sein, da immer wieder über eine zu geringe „Rückführungsquote" geklagt und diskutiert wurde. Das heißt aber nicht, dass für eine größere Anzahl von Schülern bisher keine Überleitung in Betracht gekommen wäre. Durchlässigkeit muss für ein dual-inklusives Schulsystem ein unverzichtbares, rechtlich abgesichertes und kontrollierbar zu handhabendes Prinzip sein. Eine wichtige praktische Bedingung für das Gelingen wird vor allem in einer systematischen individuellen pädagogischen Vorbereitung des Schülers, aber auch der neuen Schule liegen. Die Überleitung in die allgemeine Schule muss eine selbstverständliche, d. h. in den Alltag des Unterrichts integrierte Aufgabe bilden. Sie sollte nicht als ein lästiger Ausnahmefall oder als ein Verlust gelten. Sie besteht auch darin, regelmäßig zu überprüfen, inwieweit Schüler dazu befähigt wurden, an eine Regelschule zu wechseln und dort am Unterricht mit Schülern ohne Behinderung teilnehmen zu können. Es geht um mehr Transparenz.

Die hier angesprochenen schulischen Umstrukturierungen auf der Basis eines dual-inklusiven Schulsystem beinhalten sowohl für die Förderschulen als auch für die Regelschulen eine künftig stärkere Bezogenheit der beiden Schulformen aufeinander. Beide Schulformen werden in die pädagogische Mitverantwortlichkeit genommen.

4.4 Prinzipielle Gesichtspunkte für eine Verständigung

Natürlich bin ich mir dessen bewusst, dass mein Plädoyer für ein dual-inklusives Schulsystem die Position einer Vollinklusion nicht völlig erschüttern wird. Es dürfte aber doch, so hoffe ich, Bewegung in die Diskussion bringen. Ich möchte deshalb den allgemeinen Gründen nachgehen, die für solchen Widerstand als maßgebend in Betracht kommen, um eventuell einen Weg zu einem konstruktiven Kompromiss zu finden. Eines sollte klar sein: Ohne eine gegenseitige Annäherung und damit eine Einstellungsänderung wird das Inklusionsprojekt blockiert bleiben und Schaden nehmen. Umgekehrt steht ebenfalls fest, dass es sich durch die staatliche Autorität (Gesetze) nicht nur nicht durchsetzen lassen wird, sondern diese die Widerstände und Spaltungen noch vertiefen dürfte.

Zunächst sei noch einmal darauf hingewiesen, dass der vorliegende Dissens darin begründet ist, dass der Begriff Inklusion in der UN-BRK nicht eindeutig definiert ist. Da vieles dafür spricht, dass aufgrund der kulturellen Verschiedenheit sowie der unterschiedlichen rechtlichen und sprachlichen Situation in den beteiligten Ländern bewusst eine mehrdeutige Terminologie gewählt wurde, folgt daraus, dass aus der UN-BRK kein allgemeingültiges Inklusionsmodell abgeleitet werden kann, von gravierenden Problemen in der Praxis ganz abgesehen. Zu denken ist vor allem an Kinder mit schwererer Behinderung oder mit erheblich störenden Verhaltensproblemen, die heute auffallend stark verbreitet sind.

Aus den Recherchen von Bernd Ahrbeck (Ahrbeck 2018) über die Diskussion um eine Vollinklusion in den USA ergibt sich, dass eine totalisierende Inklusion zwar unter ideologischem Aspekt öffentlich relativ viel Anklang findet, einer landesweiten Verwirklichung dieses Ansatzes aber unübersehbar Grenzen gesetzt sind. Unter dem Aspekt des Kindeswohls sei es „mehr als zweifelhaft, ob ihm mit einer ‚full inclusion‘ in jedem Fall gedient ist. Ein Abschied von den hohen Idealen einer vollständigen Inklusion dürfte unumgänglich sein, früher oder später" (Ahrbeck 2018, 227). Festzustellen sei auch, dass eine solche Totalinklusion sich bisher weder in den USA noch in irgendeinem anderen Land der Welt habe flächendeckend verwirklichen lassen. Im Gegenteil, in einigen ursprünglich inklusiv sehr engagierten Ländern, wie in Skandinavien, würden seit einiger Zeit, vor allem auf Wunsch der Eltern, wieder mehr spezielle Schulen eingerichtet. Auch aus Großbritannien würde berichtet, dass man sich hier von der ursprünglich begeistert begrüßten totalen Inklusion abgewandt habe. Die Kritik habe sich vor allem auf eine Minderung der Qualität der speziellen Förderung bezogen. Deren Auswirkung auf Kinder mit schwereren Behinderungen oder Verhaltensproblemen würden zu wenig beachtet (Ahrbeck 2018, 227).

Auch aus der Untersuchung von Brahm Norwich (Norwich 2008, 2013) in Großbritannien geht hervor, dass eine „große Mehrheit" der Befragten aus den drei an der Untersuchung beteiligten Ländern bezüglich der schulisch inklusiven Platzierung von Kindern mit Behinderung ausgesprochene „Dilemmata" sieht. Die Mehrheit von ihnen optierte für inklusive und separative, also flexible Lösungen entsprechend den nationalen und lokalen Bedingungen und den individuellen Charakteristika und Bedürfnissen der Schüler (Norwich 2008, 302). Auf jeden Fall verwiesen die Ergebnisse der Untersuchung auf Grenzen der Platzierung in Regelschulen und damit auf Überforderungen eines Systems.

Zu nennen sind auch die *Eltern*, die sich teilweise vehement dagegen wehren, dass die von ihnen und auch ihren Kindern anerkannte Institution der Förderschulen zugunsten unzulänglich ausgestatteter Regelschulen beseitigt werden sollen, wie z. B. in Nordrhein-Westfalen (Kap. 4.2). Eltern nehmen heute nach wie vor in der überwiegenden Mehrzahl eine einbahnige Lösung als Zwangslösung wahr, die zudem für ihre Kinder keinen verlässlichen Erfolg bringt. Im Übrigen würden Eltern mit der Vollinklusion ihr Wahlrecht verlieren. Dieses wird heute aber allgemein als unverzichtbar angesehen und stellt ein Recht dar, das die Eltern erst kürzlich erkämpft hatten. Durch die KMK- Empfehlungen der Kultusminister der Länder zur sonderpädagogischen Förderung in den Schulen in der Bundesrepublik Deutschland vom 06. Mai 1994 wurde den Eltern rechtlich ermöglicht, dass ihr behindertes Kind statt in eine Förderschule eingewiesen zu werden wahlweise eine allgemeine Schule besuchen darf.

Wenn das Modell Vollinklusion trotzdem hartnäckig vertreten wird, bleibt zu fragen, wie in einer solchen Konfrontation ein Ausweg gefunden werden kann bzw. wie sich eine solche Konfrontation erklären lässt. Ein Ausweg muss gefunden werden, weil es unverantwortlich wäre, auf einem Modell zu beharren, das sich theoretisch strittig und in der Praxis als unzulänglich erwiesen hat. Zudem wäre es eine Illusion anzunehmen, dass dieser Zustand in der Zukunft in eine Selbstlösung einmünden wird. Wenn ich hier für eine differenzierte Lösung eintrete, geht es dabei nicht um eine Rückwärtsbewegung, sondern um die Klärung eines fehlgeleiteten Inklusionsansatzes, der wegen seiner beschleunigten politischen und praktischen Umsetzung ins Zwielicht geraten ist. Eine Revision des bisher vertretenen Position ist im Übrigen auch deswegen erforderlich und möglich, weil sich die Behauptung, die Existenz spezieller Schulen widerspräche dem Menschenrecht auf Inklusion, als irrig erwiesen hat.

Ein weiterer Widerspruch zwischen einem differenzierten oder dual-inklusiven Schulsystem und dem Anspruch einer Vollinklusion ergibt sich bei näherer Betrachtung des Aspektes von Vielfalt. Der Begriff „Vielfalt" wird im Sinne einer Vollinklusion als verabsolutierter Leitbegriff verwendet: Mit diesem sei ein Doppelmodell von Inklusion nicht vereinbar, weil die Einheit der Vielfalt gespalten würde, oder, weil es zu keiner „Zwei-Klassen-Inklusion" kommen dürfe (Lebenshilfe-Zeitung Nr. 1/2015, 18). Es besteht also Klärungsbedarf im Hinblick auf die Frage, ob der Begriff „Vielfalt" tatsächlich inhaltlich klar und ausschließlich akzeptabel ist.

Übereinstimmung besteht darin, dass die unvermeidlich eingetretene allgemeine gesellschaftliche Differenzierung die Schule vor komplizierte Aufgaben gestellt hat: Wie kann das pädagogisch unverzichtbare Prinzip der sozialen Teilhabe oder Integration sowie der normativen Universalität gewahrt bleiben, wenn die gesellschaftliche Differenzierung zu größerer Vielfalt der Institutionen in den verschiedenen gesellschaftlichen Bereichen, also auch innerhalb des Schulsystems, geführt hat? Stellt unter diesem Aspekt die Ablehnung eines differenzierten, aber wechselseitig aufeinander bezogenen Schulsystems nicht einen Widerspruch zum neuen Leitbegriff „Vielfalt" dar? Wenn Vielfalt, warum dann nicht auch eine *Vielfalt der Institutionen?* Am Beispiel der hoch kompliziert gewordenen Schulwahl bei der Schuleinschreibung kann deutlich gemacht werden, wie intensiv Eltern heute bemüht sind, aus der realen Vielfalt der angebotenen (Regel-)Schulen die für ihr Kind individuell passendste ausfindig zu machen. Viele Eltern geben sich nicht mit irgendeiner „allgemeinen" (öffentlichen) Schule zufrieden, sondern suchen die „richtige Schule" für ihr Kind, das kann unter Umständen auch eine private Schule sein. Dieses ausdrückliche Interesse bezieht sich auch darauf, möglichst wohlwollende Lehrkräfte für das eigene Kind zu finden. Eltern von Kindern mit Behinderung kommt es häufig sehr darauf an, dass ihr Kind eine Schule besucht, in der es am ehesten akzeptiert und geschützt unterrichtet wird, denn sie möchten es gerade nicht dem Risiko einer ungewissen und unberechenbaren Vielfalt von Schülern aussetzen.

Vielfalt an sich stellt keinen Wert dar, der verabsolutiert werden könnte. Sie ist vielmehr auf ein — gut gemeintes — Einebnen definierbarer Unterschiede und damit auf ein Verwischen benachteiligender Ungleichheiten ausgerichtet. Damit wächst aber auch die Komplexität der pädagogischen Aufgabe. Die Gefahr ist groß, dass ein Ignorieren schwerwiegender Ungleichheiten, die Vielfalt beinhaltet, zur Überforderung der Lehrkräfte und damit zur pädagogischen und psychologischen Benachteiligung von Schülern führt. Die *Wahlmöglichkeit* zwischen verschiedenen Schulformen und Schulen wird deshalb von den Eltern so sehr geschätzt, weil sie darin die Chance sehen und diese nutzen wollen, die passendste Lernwelt für ihr Kind zu finden und Nachteile durch eine überfordernde Vielfalt verhindern zu können. Deshalb sind Privatschulen heute besonders gefragt. Eine Differenzierung der Schulen und damit des Inklusionsansatzes liegt im Trend, Wahlmöglichkeiten zu haben. Es ist daher unverständlich, warum eine institutionelle Differenzierung im Schulsystem nicht geduldet, sondern ein totalisierendes schulisches Einheitsmodell gefordert wird. Zumal dessen Potenzial zur Überforderung von Schülern und Lehrkräften durch den Begriff „Vielfalt" nur verdeckt wird. Da üblicherweise radikale Lösungen größere Risiken beinhalten, sollten diese nicht gerade Kindern mit Behinderungen aufgelastet werden. Sie führen im Übrigen in der Regel zu ebenso harten Widerständen. Vollinklusion und damit die Abschaffung der Wahlmöglichkeit für Eltern durch eine staatlich verordnete eingleisige Lösung (die Abschaffung der Förderschulen) widerspricht letztlich dem Prinzip der Vielfalt: Durch einbahnige oder eindeutige Lösungen wird diese im Grunde abgebaut (Bauer 2018). Das bedeutet auch, dass der Zwang zu einer „vereinheitlichenden Vielfalt" für alle nicht schlechthin als Belebung der Gemeinschaftskräfte angesehen werden kann. Einbahnigkeit oder eindeutige Lösungen könnten sich als trügerisch erweisen und zwar vor allem aus zwei Gründen: Zum einen können Vielfaltssichtweisen auf fundamentalistischen Intentionen beruhen, die wiederum Widerspruch und Spaltungen auslösen können. Zum anderen können manche Schulklassen heute einen Komplex von Schülervielfalt aufweisen, der unterrichtlich geradezu unerträglich sein kann, u.a. eine Folge der normativen Vielfalt, d. h. der Pluralität der Normen in der Gesellschaft. Das Förderliche von Vielfalt ist also nicht eo ipso in jeglicher Art von Gemeinsamkeit garantiert und auch nicht in jedem Fall herstellbar. Der Psychologe Max Kreuzer und die Soziologin Borgunn Ytterhus haben ihr Buch über die Inklusionserfahrungen in Norwegen passenderweise mit dem Motto „Dabeisein ist nicht alles" betitelt (Kreuzer/Ytterhus 2013).

Eine normativ ungebundene Vielfalt erleben wir heute in den verschiedensten Bereichen der Gesellschaft, etwa im Alltag, auf dem Markt, in der Politik, Religion oder Kultur. Sie wurde vielfach zum Nährboden für eindeutige, d. h. fundamentalistische Zielsetzungen (Bauer 2018). Sie imponieren weithin emotional, wenn sie als einzig richtige Lösungen, als „alternativlos" dargestellt werden. (Das Wort „alternativlos" wurde 2011 zum Unwort des Jahres erklärt.) Alle anderen Lehren werden konsequent abgelehnt: „Alles ist eindeutig, entweder ganz richtig oder ganz falsch" (Bauer 2018, 29). In Wirklichkeit erweisen sich derartige „Eindeutigkeiten" vielfach als autoritäre politische Machtdemonstrationen, Scheinlösungen oder „schreckliche Simplifikationen"! Sie werden vielfach auch dem Begriff der „Reinheit" der Lehre zugeordnet: Die eigene einzig richtige Lehre soll frei von Zweifeln oder Mehrdeutigkeiten sein. Vollinklusion als strikt „alternativloser" Ansatz erweist sich damit als ein ideologisches Konstrukt. Vermeintlich eindeutige Lösungen sind deshalb auf Dauer nicht tragfähiger. Eine demokratische Gesellschaft lebt wesentlich davon, dass in ihr auch verschiedene Meinungen, Wege und Institutionen zur Lösung eines Problems beachtet und diskutiert bzw. Kompromisse geschlossen werden.

Eine Lösung des Streits um eine Vollinklusion ist heute deshalb so schwierig, weil durch die allgemein zu beobachtende politische Pluralisierung und Konfrontierung relativ viel gesellschaftlich in Bewegung geraten ist und an die Stelle fester tradierter Positionen und verlässlicher „Normalitäten" mehr Konflikte getreten sind, die z. T. hart ausgetragen werden. Der Soziologe Ulrich Beck (Beck 2017) sprach von einer „Metamorphose der Welt", also von einem tiefgreifenden weltweiten Umbruch (vgl. auch Bauer 2018). Die Zukunft gerate immer mehr ins Ungewisse und damit in zunehmende Konflikte. Die Rivalitäten der Meinungen und Forderungen nähmen an Schärfe zu. In dieser erhöhten politischen und ideologischen Spannung, wie sie sich z. B. konkret auch in dem hier zu besprechenden Verhältnis von Inklusion und Exklusion zeigt, und wo eine differenzierte duale Lösung im Prinzip hartnäckig verdrängt wird, um eine eindeutige Lösung radikal durchzusetzen, erhalten zwei Begriffe eine entscheidende Bedeutung: *Ambiguitätstoleranz* und *Pluralitätskompetenz*.

Unter *Ambiguitätstoleranz* ist die Bereitschaft und Fähigkeit zu verstehen, einen mehrdeutigen oder mehrfach deutbaren Begriff oder Sachverhalt sinngemäß zu verstehen, d. h. seine Doppeldeutigkeit zu dulden und zu klären, da er verschieden ausgelegt werden kann und sich deshalb einer eindeutigen Auslegung und Lösung entzieht. Ein solcher Begriff ist auch „Inklusion". Er wird zum Dilemma, weil er von sich aus nicht eindeutig zu klären ist, sondern gleichzeitig zu Problemen führt. Eine Lösung könnte nur in Differenzierungen, also in Kompromissen, liegen. Diese aber können als Verrat am „einzig gültigen" eigenen Prinzip ausgelegt werden. Natürlich hat auch Eindeutigkeit ihren Sinn: So muss etwa bei Gesetzestexten und wissenschaftlichen Untersuchungen größter Wert auf Klarheit und Eindeutigkeit der Bewertungen gelegt werden. Im Falle eines mehrdeutigen Begriffes oder Sachverhalts wäre ein rigides Durchsetzen-Wollen einer „eindeutigen Lösung", z. B. in diesem Falle einer Vollinklusion, eine *fundamentalistische* Position (vgl. Bauer 2018). Vagheit und Mehrdeutigkeit bilden also keinen schlechthin abzulehnenden Widerspruch zur Eindeutigkeit, können aber auch nicht schlechthin als einzig „wahr" oder „richtig" verabsolutiert und eingefordert werden.

Von Evolutionsbiologen wird gerade der Ambiguität bzw. der Ambiguitätstoleranz eine gemeinschaftsbildende Kraft zugeschrieben. Sie teilt nicht, sondern sie lässt Vielfalt zu. Sie kann unterschiedlich Deutbares verbinden. Probleme entstehen erst dadurch, dass der Fundamentalist jegliche Ambiguität und jeglichen Sinn von Ambiguitätstoleranz leugnet. Totale Inklusion, erzeugt durch die Abschaffung von Mehrdeutigkeit, z. B. in Form „einer Schule für alle", stellt demnach einen „eindeutigen" Fundamentalismus dar, eine Begleiterscheinung unserer ambiguitätsfeindlichen Zeit. Es sei eine Zeit der Widersprüche und Spaltungen, die ständig neue Ideologien hervorbringe, „die vorgeben, die Welt eindeutiger als bisher erklären und den Menschen die einzig erstrebenswerte Zukunft vorzeichnen zu können" (Bauer 2018, 42). Die Folge: „Je mehr für die Beseitigung von Ambiguität aufgewendet wird, desto mehr Ambiguität entsteht im Verhältnis zur jeweils beseitigten Ambiguität" (Bauer 2018, 76). Das heißt, je mehr versucht wird, Ambiguität zu verhindern, desto mehr entsteht Mehrdeutigkeit. Jegliche Form von Totalitarismus als Ausdruck institutioneller Eindeutigkeit in der Frage der schulischen Inklusion führt also nicht zu einer wirklichen Lösung. In einer Demokratie seien immer mehrere Lösungen denkbar und umgekehrt werde sich „ohne Ambiguitätstoleranz die gegenwärtige Gespaltenheit nicht überwinden lassen, sondern sich immer weiter vertiefen (Bauer 2018, 85).

Neben dem Begriff „Ambiguitätstoleranz" hat es der Begriff Pluralitätskompetenz heute ebenfalls zu besonderer Aktualität gebracht. Der Philosoph Wolfgang Welsch hat dessen Bedeutung unter dem Aspekt der Bewältigung von „Transkulturalität" herausgearbeitet (Welsch 1996). Ausgangspunkt ist die allgemeine Situation einer Pluralität, die zu einer immensen Steigerung des Entscheidungsbedarfs geführt hat. Die plurale Welt sei „eine Entscheidungswelt par excellence". Man müsse sich „ständig zwischen allem Möglichen entscheiden" (Welsch 1996, 716). Die Fülle und Vielfalt der sich gesellschaftlich ausdifferenzierenden Meinungen, Normen, Werte, Deutungen und Interessen verlange nach einer Vernünftigkeit, das menschlich Wertvolle und Verbindende von Verschiedenheiten zu erkennen, zu ertragen und zu nutzen, Zusammenhängen und Widersprüchen nachzugehen, sich Irritationen zu stellen, auch das eigene Weltbild zu überprüfen in der Absicht, das Verschiedene und Konkurrierende möglichst zu klären und das jeweils Positive herauszufiltern und in das eigene Weltbild zu integrieren. Es ist, kurz gesagt, die Fähigkeit, mit Vielfalt konstruktiv, aber auch kritisch umgehen zu können. Dabei kommt den einzelnen Sinn- und Wertdeutungen kein Aus- schließlichkeitsanspruch zu. Die gegenwärtige Pluralität sei mit „wie auch immer abgeschwächten Varianten des alten Einheitsdenkens nicht mehr zu bewältigen" (Welsch 1996, 850).

Pluralitätskompetenz setzt vor allem voraus, offen zu sein für Anderes, Verschiedenheit in ihrer Ambivalenz zu erkennen, zu be- werten und zu thematisieren, und die eigene Identität gegenüber anderen nicht absolut zu setzen und damit Kommunikation zu ver- hindern (Baur/Oesselman, 2017). Übertragen auf schulische Inklusi- on lässt sich sagen, dass bei einer Versteifung auf das Modell Vollin- klusion im Grunde eine kontraproduktive Verabsolutierung einer Teilsicht des vorliegenden Problemthemas und damit eine mangeln- de Pluralitätskompetenz in der Weise vorliegt, dass ein differenzier- tes Prüfen der Wirklichkeitsvielfalt unter dem allgemeinen Druck der Fülle der Daten und der in ihnen verkörperten Werte, vielfach auch aufgrund fehlender direkter praktischer Erfahrungen, zu kurz kommt. Mühevolle Analysen und Entscheidungsprozesse werden wegen ihrer Kompliziertheit (Nichteindeutigkeit) gescheut, sodass die emotional verankerte eigene Ideologie nominell dominieren und die Lösung des Problems in die Unbestimmtheit der Zukunft verla- gert werden kann. Einstweilen wird die staatliche Autorität angeru- fen, den „Gordischen Knoten" zu durchschlagen und für klare Ver- hältnisse zu sorgen. Die Auslegung der *Pluralitätskompetenz* erfolgt einseitig, denn auf die Praxis bezogen werden zwei Ebenen nicht unterschieden, sondern voreilig verallgemeinert: Während auf der offenen personalen Ebene, z. B. im Freizeitbereich, eine relativ große Varianz personeller Vielfalt relativ gut gepflegt werden kann, zeigen sich auf der institutionellen Ebene, z. B. in der Schule oder im Be- trieb unweigerlich strukturelle Hindernisse. Es sind die *Regeln*, die für das Funktionieren einer Institution unerlässlich sind. Ich möchte diese Ambivalenz an einem Beispiel deutlich machen:

Der Vater eines jungen Mannes mit einer geistigen Behinderung bat mich, ihm bei der Suche nach einem Arbeitsplatz für seinen

Sohn in einem Betrieb (anstelle einer Werkstatt für Behinderte) zu helfen. Ich konnte ihm einen Freund von mir nennen, der eine Werbeagentur betrieb. Der Arbeit an seinem neuen Arbeitsplatz war der junge Mann zwar gewachsen, er konnte sich aber nicht an die Regeln im Betrieb halten: Gesellig und kreativ, wie er war, besuchte er während der Arbeit gern seine Kolleginnen und Kollegen, um zu sehen, was sie gerade machten, oder um sich mit ihnen zu unterhalten. Die Belegschaft lehnte dieses Verhalten als Arbeitsstörung entschieden ab und forderte die Entlassung des neuen Mitarbeiters, die schließlich erfolgte.

Dieses Beispiel zeigt, dass die Akzeptanz von Vielfalt oder Pluralität auf der institutionellen Ebene begrenzt sein kann. Das gilt auch für die Schule, während die Situation im *Sozial- oder Freizeitbereich* entspannter ist. Die Sozialpädagogik hat z. B. weniger Probleme mit dem Inklusionsprinzip als die Schulpädagogik. Die Forderung nach einer Vollinklusion beruht demnach auf einer ungeprüften Übertragung einer offenen personalen Vielfaltsakzeptanz auf die institutionelle Ebene, die an konstitutiv unerlässliche Regelstrukturen gebunden ist. Die Unterscheidung verschiedener Pluralitätsqualitäten ist also unerlässlich, wenn eine Institution nicht überfordert werden soll. Das heißt im Falle schulischer Inklusion, dass die Forderung nach einer landesweiten Vollinklusion eine reale Überforderung darstellt und zwar vor allem in sächlicher und finanzieller, aber auch in fachlicher Hinsicht. Die Ursache liegt also nicht in der Idee an sich. Diese hat ihr Recht als Vision. Vielmehr ist es die sperrige Wirklichkeit mit ihrer tiefen normativen Gespaltenheit und der Verknappung der Ressourcen, die andere Prioritäten setzt.

Welcher hohe Aufwand im Einzelfall erforderlich ist, um eine ausufernde schulische Vielfalt zu bewältigen, zeigt das Beispiel der Berliner Rütli-Schule, die 2006 durch unhaltbare Zustände in die Schlagzeilen geraten war. Die ausufernde schulische „Vielfalt" war vor allem von Gewaltzuständen und Angst bestimmt. Lehrer forderten die Schließung der Schule, da ein Unterricht unmöglich geworden war. Mit einem finanziellen Kraftakt schaffte es der Schulträger, die schwieriger und komplexer gewordene Vielfalt in eine für die Schule produktive Ordnung zu bringen. Das gelang jedoch nur mit einer Investition von 32 Millionen Euro für die Umstrukturierung der gesamten Schulsituation. Inzwischen sei diese Schule eine Vorzeigeschule geworden (B.Z. Berliner Zeitung v. 14.12. 2017).

Dieses Beispiel, das sich auf eine einzige Schule bezieht, die in den Brennpunkt der Öffentlichkeit geraten war, zeigt zum einen, welch große Bedeutung generell und aktuell der Finanzierungsfrage für die strukturelle Verwirklichung von Inklusion zukommt, zumal wenn eine Schule ganz konkret in negative Schlagzeilen („Gewalt in der Schule!") gerät. Ob die gleiche Dringlichkeit oder Priorität auch dem gemeinsamen Unterricht zukäme, kann bestritten werden, zumal wenn es um landesweite Umstrukturierungen des Schulsystems ginge. An der Notwendigkeit zusätzlicher erheblicher Anschubinvestitionen für Regelschulen führt aber aus heutiger Sicht kein Weg vorbei, wenn das Inklusionsmodell wirkliche Chancen haben soll. Dass Inklusion eine nicht unerhebliche finanzielle Herausforderung mit sich bringt, hat u.a. Rolf Werning von der Universität Hannover (Werning 2010) euphemistisch zum Ausdruck gebracht: Inklusion sei „kein Sparkonzept, sondern eine pädagogische Herausforderung auf höchstem Niveau". Erst allmählich setzt sich die Erkenntnis durch: „Inklusion finden alle super", aber: „Kinder, wird das teuer!" (Spiegel Online 11.02.2014). Den unberechenbaren und deshalb besonders ernstzunehmenden Unsicherheitsfaktor für ein künftig gut funktionierendes Modell schulischer Inklusion dürfte jedoch nicht allein die Finanzierung, sondern der allgemein drohende Lehrkräftemangel bilden. Diese Gefahr kommt auch in verschiedenen Gutachten zum Ausdruck.

Eine Vollinklusion stellt aber auch in grundlegender pädagogisch-struktureller Hinsicht eine konzeptionelle Überforderung dar. Das Konzept des gemeinsamen Unterrichts beinhaltet besondere pädagogische Ansprüche an die Lehrpersonen, denen offensichtlich nicht alle entsprechen können. Der vornehmlich heterogen zu gestaltende Unterricht und die vermehrten Unterrichtsaspekte und Werte, die dabei zu beachten sind, bergen mehr Quellen für unterrichtliche Schwierigkeiten. Diese führen dazu, dass Lehrkräfte vermehrt mit ungewöhnlichen und Stress auslösenden Reaktionen konfrontiert sind, was zu mehr Spannung im Unterricht und Dilemma-Situationen führt (Norwich 2013, 164). Um es kurz zu sagen: Ein landesweit ausschließlich gemeinsamer Unterricht müsste generell allen Lehrkräften aller Schulformen allzu viel auf einmal abverlangen. Das birgt die Gefahr, dass die Lernförderung der Schüler beeinträchtigt wird, vor allem diejenige von Schülern mit einer schwereren Behinderung. Ein „hochwertiger" Unterricht wird damit in Frage gestellt, zumal bei dem ökonomischen Druck, der heute auf den Schulen lastet. Dieser Druck verlangt auch den Schülern immer mehr Leistung ab, was bereits zu einer bedenklichen Zunahme kindlicher Entwicklungsstörungen geführt hat.

Aufschlussreich für die gegenwärtige Einschätzung der Förderschulen und damit des dual-inklusiven Schulmodells ist die repräsentative Schulstudie „Wie Deutschland über die Schule denkt", die Binkert Hermann, Brunner Janine und Eberhardt Kjell 2014 vorgelegt haben. Die Studie war von INSA CONSULERE im Auftrag der CDU/CSU-Fraktionsvorsitzendenkonferenz durchgeführt worden (www.cducsufvk.de). Im Ergebnis erachtete die große Mehrheit der Befragten (89%) Förderschulen als wichtigen Bestandteil eines ganzheitlichen Bildungssystems. Lediglich 6% der Befragten wollten Förderschulen abschaffen. Aus den Befragungen geht hervor, dass dem gemeinsamen Unterricht generell zugestimmt wird, soweit er erfolgreich gestaltet werden kann.

Die Tatsache, dass Vollinklusion eine Überforderung darstellt, führt zu der Konsequenz, dass eine Weiterentwicklung blockiert wird. Diese Blockierung kann nur durch eine Differenzierung des Bildungssystems aufgelöst werden, d. h., durch mehr institutionelle Vielfalt in Form eines dual-inklusiven Schulsystems. Damit sollte klargeworden sein, dass die radikale Forderung nach einer Vollinklusion und damit nach einer Abschaffung der speziellen Schulen dem inklusiven Basisprinzip der Vielfalt in institutioneller Hinsicht widerspricht. Warum soll es nicht auch eine *Vielfalt der Institutionen* geben?

Natürlich kann geltend gemacht werden, dass die Zukunft stets offen ist, dass also eine Vollinklusion prinzipiell denkbar ist. Die sozialen Verhältnisse ändern sich immer wieder. Dies kann aber nicht bedeuten, dass wir die gegebene *Realität* unserer Schulen und Kinder vernachlässigen. Die hier zusammengestellten Bedenken und Probleme der gegenwärtigen Situation und nahen Zukunft nötigen uns in jedem Falle, uns mit ihnen näher zu befassen und entsprechend zu handeln, weil wir in ihr leben. Und in dieser unserer Situation ist zunächst festzustellen, dass es nachweislich *keinen gesetzlichen Auftrag* für eine Vollinklusion und damit für die Schließung aller Förderschulen gibt, und dass zweitens deren Vollzug aus der gegenwärtigen Sicht zu unabsehbaren Benachteiligungen der Schüler und zu einer Überforderung der Lehrpersonen führen müsste, u. a. deshalb, weil wir noch nicht in einer inklusiven Gesellschaft leben. Eine Verringerung des Förderschulbesuchs wird sich nur durch eine qualitative Attraktivität inklusiver Regelschulen erreichen lassen.

4.5 Schulpolitische Folgerungen

Der Rückblick auf 10 Jahre Erfahrungen mit Inklusion lässt erkennen, dass das Prinzip schulischer Inklusion als solches im Bildungssystem zwar als verankert gilt, in der praktischen Umsetzung jedoch noch entwicklungsbedürftig ist. Ein Ausweg aus dem entstandenen Dilemma wird in einem dual organisierten Inklusionsmodell aus priorisierten Regelschulen und zahlenmäßig reduzierten Förderschulen liegen. Dieser gilt auch international als Regel. Diese Folgerung wird durch die Klarstellung gestützt, dass sich das Menschenrecht auf Inklusion auf das generelle Bildungsrecht aller Kinder mit einer Behinderung bezieht und das Förderschulwesen eindeutig als Teil des allgemeinen Bildungssystems gilt.

Auf dieser rechtlichen Basis lässt sich allgemein und normativ folgern, dass gemeinsamer Unterricht zwar als ultimatives pädagogisches Ziel gilt, den inklusiven Regelschulen aber nur dann reale Priorität zukommt, wenn sichergestellt ist, dass Kinder mit Behinderungen dadurch besser gefördert werden können bzw., negativ formuliert, diese keine Minderung ihrer besonderen Förderung gegenüber einer Förderung in speziellen Schulen zu erwarten haben.

Im Einzelnen lassen sich folgende Empfehlungen ableiten:

- Der reale Aufbau eines dual-inklusiven Schulsystems lässt sich nur evolutiv bewerkstelligen. Es empfiehlt sich ein sukzessiver Auf- und Ausbau inklusiver Regelschulen aus Initiativen heraus, d. h. diese sind nicht staatlich oder per Dekret zu verordnen. Dabei sind zusätzliche personelle und sächliche Ressourcen unabweisbar. Eine Regelschule darf nur dann als Inklusionsschule in Betrieb gehen, wenn die entsprechenden Voraussetzungen personeller und sächlicher Art gemäß Artikel 24, 2c und d, UN-BRK verfügbar sind: „Angemessene Vorkehrungen für die Bedürfnisse des Einzelnen getroffen werden" (2c) und „Menschen mit Behinderungen innerhalb des allgemeinen Bildungssystems die notwendige Unterstützung geleistet wird, um ihre erfolgreiche Bildung zu erleichtern" (2d UN-Behindertenrechtskonvention 2008)

- Da die verbleibenden und notwendigen Förderschulen einen Inklusionsbeitrag leisten und deren Besuch als Sicherung eines Menschenrechtes zu gelten hat, ist dafür Sorge zu tragen, dass diese in keiner Weise benachteiligt oder zurückgesetzt werden. Deren hochwertige pädagogische Qualität muss gleichwertig wie die der Regelschulen geschützt bleiben.

- Der pädagogische Erfolg eines dual-inklusiven Schulsystems ist wesentlich von einer guten und fest institutionalisierten Zusammenarbeit zwischen den inklusiven Regelschulen und speziellen Schulen abhängig, z.B. in Form von temporär gemeinsamen Klassenverbänden oder in der Funktion der speziellen Schulen als Kompetenz- und Beratungszentren für Regelschulen.

- Eine diesem Ansatz entsprechende Verringerung der Zahl spezieller Schulen wird wesentlich davon abhängen, wie hochwertig inklusive Regelschulen ausgebaut sind, sodass die Eltern dazu bereit sind, diese Schulen als geeignete Möglichkeiten für ihre Kinder zu wählen.

- Zum inklusiven Ausbau der Regelschulen wird auch der Aufbau eines *schulinternen Lern-Stütz-Systems* für Schüler mit Lernstörungen, also nicht mit einem „sonderpädagogischen Förderbedarf", gehören müssen, das als temporäre Lernunterstützung oder Nachhilfe gedacht ist.

- Für den Ausbau der inklusiven Regelschulen sind unabweisbar zusätzliche finanzielle Investitionen erforderlich, damit die Qualität der pädagogischen Förderung an den verbleibenden speziellen Schulen nicht herabgesetzt wird.
- Das Recht der Eltern, zwischen einer Regelschule und einer speziellen Schule wählen zu können, muss erhalten bleiben.

Was aus zehn Jahren Praxis im Besonderen zu folgern ist, dürfte die Einsicht sein, dass schulische Inklusion nicht einfach verfügbar ist. Sie ist vielmehr auf die Eigeninitiative der Schulen angewiesen. Gemeinsamer Unterricht ist erst dann verantwortbar, wenn die entsprechenden Bedingungen erfüllt und die notwendige soziale Bereitschaft gegeben sind. Schulische Inklusion ist und bleibt ein ideeller Auftrag und real eine ständige Herausforderung. Sie ist mehr auf Öffnung, Annäherung, Wechselseitigkeit, Selbstwirksamkeit gerichtet und kann bestenfalls nur eine dynamische, aber keine statische Stabilität erreichen. Sie muss ständig neu belebt werden. Aus dieser Sicht ist es aktuell wichtig, einen Kommunikationsstil zu praktizieren, der Türen öffnet bzw. Brücken baut, um bessere Integrationsmöglichkeiten und mehr Raum für realisierbare Perspektiven zu entwickeln. Ich hoffe, hierzu mit diesem Buch einen Beitrag leisten zu können.

Literatur

Ahrbeck, B. (2014): Inklusion. Eine Kritik. Kohlhammer, Stuttgart

Ahrbeck, B. (2012): Der Umgang mit Behinderung. 2. Aufl. Kohlhammer, Stuttgart

Ahrbeck, B., Badar, J., Kauffman, J., Felder,M., Schneiders, K. (2018): Full inclusion? Totale Inklusion? Vierteljahresschrift für Heilpädagogik und ihre Nachbargebiete (VHN) (3), 218–231

Armstrong, A. C., Armstrong, D., Spandagou, I. (2015): Inclusive Education. International Policy & Practice. SAGE Publications Ltd., London

Avramidis, E., Norwich, B. (2002): Teachers' Attitudes towards Integration/Inclusion: a Review of the Literature, European Journal of Special Needs Education 17 (2), 129–147

Baier, D., Pfeiffer, Ch., Simonson, J. , Rabold. S. (2009): Jugendliche in Deutschland als Opfer und Täter von Gewalt. Erster Forschungsbericht zum gemeinsamen Forschungsprojekt des Bundesministeriums des Innern und des KFN. In: https://kfn.de/wp-content/uploads/Forschungsberichte/FB_107.pdf, 12.06.2019

Bauer, Th. (2018): Die Vereindeutigung der Welt. Über den Verlust an Mehrdeutigkeit und Vielfalt. 8. Aufl. Reklam, Ditzingen

Baur, K., Oesselmann, D. (Hrsg.) (2017): Religiöse Diversität und Pluralitätskompetenz. LIT Verlag, Berlin

Beck, U. (2017): Die Metamorphose der Welt. Suhrkamp, Berlin

Bielefeldt, H. (2010): Menschenrecht auf inklusive Bildung. Der Anspruch der UN-Behindertenrechtskonvention. Vierteljahresschrift für Heilpädagogik und ihre Nachbargebiete (1), 66–69

Bleidick, U. (1988): Betrifft Integration: behinderte Schüler in allgemeinen Schulen. Marhold, Berlin

Böhme, J. (2017): Sorgenkinder. Süddeutsche Zeitung Magazin v. 7. Juli 2017, 12–27

Bolz, N. (2009): Diskurs über die Ungleichheit. Fink, München

Bundesarbeitsgemeinschaft BAG „Hilfe für Behinderte" (1986): Protokoll der ersten Sitzung des Ad-hoc-Ausschusses „Gemeinsame Erziehung". 05.11.1986. Bonn

Castel, R. (2000): Die Metamorphosen der sozialen Frage. Universitätsverlag, Konstanz

Cloerkes, G. (2001): Soziologie der Behinderten. 2. Aufl. Universitätsverlag C. Winter, Heidelberg

Deutsche UNESCO-Kommission (Hrsg.) (2014): Inklusion: Leitlinien für die Bildungspolitik. 3. erweiterte Auflage. Bonn

Deutscher Bildungsrat (1976): Schulversuche zur Integration behinderter Kinder in den allgemeinen Schulen. Materialien zur Bildungsplanung, H. 6. Westermann, Braunschweig

Deutscher Bildungsrat (1973): Empfehlungen der Bildungskommission Zur pädagogischen Förderung behinderter und von Behinderung bedrohter Kinder und Jugendlicher. Bonn

Dirnaichner, U., Weigl, E. (Hrsg.) (2018): Förderschulen in Bayern – Sonderpädagogische Förderung. Kommentar der Schulordnungen und Sammlung schulischer Vorschriften mit Erläuterungen. Carl Link, Kronach/Köln

Dworschak, W., Kannewischer, S., Ratz, Ch., Wagner, M. (Hrsg.) (2012): Schülerschaft mit dem Förderschwerpunkt geistige Entwicklung (SFGE). Athena, Oberhausen

Eberwein, H. (Hrsg.) (1988): Behinderte und Nichtbehinderte lernen gemeinsam. Handbuch der Integrationspädagogik. Beltz, Weinheim/Basel

Eberwein, H. (1987): Zum Problem der „hinreichenden Förderung" von Kindern mit Behinderungen in Grundschulen und Sonderschulen. Zeitschrift für Heilpädagogik 38, 328–337

Ehrenreich, B. (2010): Smile or Die. Wie die Ideologie des positiven Denkens die Welt verdummt. Kunstmann, München

Eichholz, R. (2012): Die inklusive Schule als Lern- und Lebensgemeinschaft. http://www.schule-fuer-alle.com/stuff/Inklusive-Schule_als_LernUndLebensgemeinschaft.pdf

Ellger-Rüttgardt, S. (2016): Inklusion: Vision und Wirklichkeit. Kohlhammer, Stuttgart

Farzin, S. (2006): Inklusion Exklusion. Entwicklungen und Probleme einer systemtheoretischen Unterscheidung. Transcript, Bielefeld

Felder, F. (2012): Der Wert von Verschiedenheit und die Unvermeidbarkeit einer Theorie des guten Lebens. Zeitschrift für Heilpädagogik (4), 148–153

Felten, M. (2018): Inklusion an Schulen – Zurück zur Vernunft. Süddeutsche Zeitung v. 31.07.2018

Fend, H. (1981): Theorie der Schule. 2. Aufl. Urban & Schwarzenberg, München/Wien

Feuser, G. (2018): Wider den Reduktionismus der Inklusion. In: Lütjen, J. (Hrsg.): Aufklärung im Licht der Pädagogik − Möglichkeitsräume durch genuine Perspektiven. Psychosozial-Verlag, Gießen, 37−60

Feuser, G. (1995): Behinderte Kinder und Jugendliche. Zwischen Integration und Aussonderung. Wissenschaftliche Buchgesellschaft, Darmstadt/Berlin

Feuser, G. (1989): Allgemeine integrative Pädagogik und entwicklungslogische Didaktik. Behindertenpädagogik, 28 (1), 4−48

Feuser, G., Meyer, H. (1987): Integrativer Unterricht in der Grundschule. Jarick Oberbiel, Solms

Feuser, G. (1982): Integration − die gemeinsame Tätigkeit (Spielen, Lernen, Arbeit) am gemeinsamen Gegenstand/Produkt in Kooperation von behinderten und nichtbehinderten Menschen. Vierteljahresschrift Behindertenpädagogik 21, 86−105

Feuser, G. (1980) Bedeutet die zunehmende Forderung nach Therapie eine Bankrotterklärung der Behindertenpädagogik? − oder die Steigerung ihrer Qualität? In: Holtz, K.-L. (Hrsg.): Sonderpädagogik und Therapie. Bericht der 16. Arbeitstagung für Dozenten an Sonderpädagogischen Studienstätten in deutschsprachigen Ländern in der Pädagogischen Hochschule Heidelberg im Oktober 1979. Schindele, Rheinstetten-Neu, 58−69

Forsa (2017): Inklusion an Schulen aus Sicht der Lehrerinnen und Lehrer − Meinungen, Einstellungen und Erfahrungen. In: https://www.vbe.de/fileadmin/user_upload/VBE/Service/Meinungsumfragen/2017_05_10_Inklusion_an_Schulen_Auswertung, Berlin

Frowein, J. A. (1996): Rechtsgutachten zu der Frage, inwieweit ein Anspruch auf Annahme von Behinderten in allgemeine öffentliche Schulen besteht. Max-Planck-Institut f. ausl. Öffentl. Recht u. Völkerrecht, Heidelberg

Galliani, L. (1982): Situation und Probleme der Sonderpädagogik in Italien. Z. f. Heilpädagogik 33 , 193−203

German Statement concerning the Draft General Comment on Article 24 CRPD (2015). In: https://www.ohchr.org/Documents/HRBodies/CRPD/GC/RighttoEducation/Germany.pdf, 12.04.2019

Haeberlin, U. (2018): Chancengleichheit mittels Integration? Neue Züricher Zeitung v. 09.03.2018, 12

Haeberlin, U. (2011): Behinderte integrieren − alles klar? Vierteljahresschrift für Heilpädagogik (VHN) 80 (4), 278−283

Hartke, B. (Hrsg.) (2017): Handlungsmöglichkeiten schulische Inklusion. Das Rügener Modell kompakt. Kohlhammer, Stuttgart

Heimlich, U. (2003): Integrative Pädagogik. Eine Einführung. Kohlhammer, Stuttgart

Heimlich, U., Kahlert, J., Lelgemann, R., Fischer, E. (Hrsg.) (2016): Inklusives Schulsystem. Analysen, Befunde, Empfehlungen zum bayerischen Weg. Klinkhardt, Bad Heilbrunn

Hennemann, Th., Hillenbrand, C., Fitting-Dahlmann, K., Wilbert, J., Urton, K. (2018): Auf dem Weg zum inklusiven Schulsystem im Kreis Mettmann – Konzeption der wissenschaftlichen Begleitevaluation. Zeitschrift für Heilpädagogik 69 (1), 4–16

Himmelrath, A. (2018): Ehemaliger Förderschüler erhält Schadensersatz. In: https://www.spiegel.de/lebenundlernen/schule/landgericht-koeln-schadensersatz-fuer-ex-foerderschueler-a-1218841.html, 12.06.2019

Hinz, A. (2017): Inklusion im Schulsystem. In: Holzappels, H. G. (Hrsg.): Entwicklung und Qualität des Schulsystems. Waxmann, Münster/New York, 173–194

Hinz, A, (2009): Inklusive Pädagogik in der Schule – veränderter Orientierungsrahmen für die schulische Sonderpädagogik!? Oder doch deren Ende? Zeitschrift für Heilpädagogik. 60 (5), 171–179

Hinz, A., Boban, I. (2008): Inklusion – Schlagwort oder realistische Perspektive für die Geistigbehindertenpädagogik? Teilhabe (8), 4–9

Hinz, A., Körner, I., Niehoff, U. (Hrsg.) (2010): Auf dem Weg zur Schule für alle. Barrieren überwinden – inklusive Pädagogik entwickeln. Lebenshilfe Verlag, Marburg

Ianes, D. (2009): Die besondere Normalität. Inklusion von SchülerInnen mit Behinderung. Ernst Reinhardt Verlag, München

Isensee, J., Giesen, D. (1986): Elternrecht, elterliches Sorgerecht. Staatslexikon, Bd. 2. Herder, Freiburg, 222–239

Jantzen, W. (1980): Allgemeine Therapie und spezielle Therapie. In: Holtz, K. L. (Hrsg.): Sonderpädagogik und Therapie. Schindele, Rheinstetten, 19–28

Jantzen, W.(1978): Behindertenpädagogik, Persönlichkeitstheorie, Therapie. Vorbereitende Arbeiten zu einer materialistischen Behindertenpädagogik. Pahl-Rugenstein Verlag, Köln

Jonas, H. (1980): Das Prinzip Verantwortung. Insel, Frankfurt/M.

Kant, I. (1974): Beantwortung der Frage: Was ist Aufklärung? Kritik der praktischen Vernunft, Vorrede. In: Weischedel, W. (Hrsg.): Werkausgabe, Bd. VII. 107–119

Kant, I. (1974): Beantwortung der Frage: Was ist Aufklärung? W. Weischedel, W. (Hrsg.): Werkausgabe, Bd. XI. Frankfurt/M., 53–61

Klein, S. (2018): Inklusion, ein Menschenrecht. Süddeutsche Zeitung v. 18.07.2018, 2

Klemm, K. (2018): Unterwegs zur inklusiven Schule. Lagebericht. Bertelsmann Stiftung, Gütersloh

Klemm, K. (2009): Sonderweg Förderschulen: Hoher Einsatz, wenig Perspektiven. Eine Studie zu den Ausgaben und zur Wirksamkeit von Förderschulen in Deutschland. Bertelsmann Stiftung, Gütersloh

Klemm, K., Preuss-Lausitz, U. (2011): Auf dem Weg zur schulischen Inklusion in Nordrhein-Westfalen. Empfehlungen zur Umsetzung der UN-Behindertenrechtskonvention im Bereich der allgemeinen Schulen. In: www.jugendsozialarbeit.de/media/raw/KLEMM_klaus__auf_dem_weg_zur_schulischen_inklusion_in_nrw.pdf, 12.04.2019, 2

KMK Kultusministerkonferenz (KMK), Ständige Konferenz der Kultusminister der Länder in der Bundesrepublik Deutschland (1972): Empfehlung zur Ordnung des Sonderschulwesens. Nienburg/Weser

Kreuzer, M., Ytterhus, B. (Hrsg.) (2013): Dabeisein ist nicht alles. Inklusion und Zusammenleben im Kindergarten. 3. Aufl. Ernst Reinhardt, München/Basel

Krüger, H. H., Helsper, W. (1995): Einführung in Grundbegriffe und Grundfragen der Erziehungswissenschaft. Leske u. Budrich, Opladen

Lauth, G. W., Grünke, M. (Hrsg.) (2014): Interventionen bei Lernstörungen: Förderung, Training und Therapie in der Praxis. 2. Aufl. Hogrefe, Göttingen

Lebenshilfe Österreich (2010): Gemeinsam lernen – Eine Schule für alle! Ein Vorschlag der Lebenshilfe Österreich. Wien

Lienhard, P., Bischofberger, H.-R. (2012): Dialog: Warum gibt es immer mehr Schülerinnen und Schüler mit der Diagnose „geistige Behinderung"? Vierteljahresschrift für Heilpädagogik und ihre Nachbargebiete (VHN)(2), 161–166

Lindmeier, Ch. (2018): Implikationen der Internationalen Fachdiskussion über einen „Twin-Track Approach" der inklusiven Erziehung und Bildung. Zeitschrift für Heilpädagogik (4) 156–166

Luhmann, N. (1997): Die Gesellschaft der Gesellschaft. Bd. 2. Suhrkamp, Frankfurt/M.

Luhmann, N. (1995): Inklusion und Exklusion. Soziologische Aufklärung 6. Westdeutscher Verlag, Opladen, 237–264

Luhmann, N., Schorr, K.-E. (1979): Reflexionsprobleme im Erziehungssystem. Klett, Stuttgart

Mahlau, K., Diehl, K., Voß et al. (2011): Das Rügener Inklusionsmodell (RIM) – Konzeption einer inklusiven Grundschule. Zeitschrift für Heilpädagogik (11), 464–472

Meißner,R. (2016): Die Überforderung des Menschen. https://www.anthropofakte.de/essays/die-%C3%BCberforderung-des-menschen, Hamburg

Moor, P. (1965): Heilpädagogik. Ein pädagogisches Lehrbuch. Huber, Bern/Stuttgart

Motakef, M. (2006): Das Menschenrecht auf Bildung und der Schutz vor Diskriminierung. Exklusionsrisiken und Inklusionschancen. Deutsches Institut für Menschenrechte, Berlin

Muth, J. (1982): Behinderte in allgemeinen Schulen. Neue Deutsche Schule. Essen

Nassehi, A. (2006): Die paradoxe Einheit von Inklusion und Exklusion. Ein system-theoretischer Blick auf die »Phänomene«. In: Bude, H., Willisch, A. (Hrsg.): Das Problem der Exklusion. Ausgegrenzte, Entbehrliche, Überflüssige. Hamburger Edition, Hamburg, 46 − 69

Nipkow, K. E. (2005): Menschen mit Behinderung nicht ausgrenzen! Zur theologischen Begründung und pädagogischen Verwirklichung einer „inklusiven Pädagogik". Zeitschrift für Heilpädagogik 56 (4), 122 − 131

Norwich, B. (2013): Addressing Tensions and Dilemmas in Inclusive Education: Living with uncertainty. Routledge, London/New York

Norwich, B. (2008) Dilemmas of difference, inclusion and disability: international perspectives on placement, European Journal of Special Needs Education 23 (4), 287 − 304

Norwich, B. (2007): Dilemmas of Difference, Inclusion and Disability: International Perspectives and Future Directions. Routledge, London/New York

Norwich, B. (2005): Moderate Learning Difficulties and the Future of Inclusion. Taylor & Francis Ltd, London

Norwich, B., Lewis, A. (2005): How Specialized is Teaching Pupils with Disabilities and Difficulties? In: Lewis, A., Norwich, B. (Ed.): Special Teaching for Special Children? Pedagogies for Inclusion. Open University Press, Maidenhead/Bergshire England, 1 − 14

Plenarprotokoll 16/193 Deutscher Bundestag − Stenografischer Bericht 193. Sitzung Berlin, Donnerstag, den 4. Dezember 2008

Prantl, H. (2014): Inklusion − Soziale Stärke. Süddeutsche Zeitung v. 16. Juni 2014, 4

Preuss-Lausitz, U. (1970): Zur sozialen Herkunft von Sonderschülern oder Die Chancengleichheit findet nicht statt. Gesamtschulen-Informationsdienst Nr. 1, 31 − 36

Reckwitz, A. (2018): Die Gesellschaft der Singularitäten. 5. Aufl. Suhrkamp, Berlin

Ridley, M. (2010): The Rational Optimist. How Prosperity Evolves. Harper, London

Rifkin, J. (2010): Die empathische Zivilisation. Wege zu einem globalen Bewusstsein. Campus, Frankfurt/New York

Rosa, H. (2018): Unverfügbarkeit. Residenz, Wien/Salzburg

Roth, G. (2007): Persönlichkeit, Entscheidung und Verhalten. Warum es so schwer ist, sich und andere zu ändern. Klett-Cotta, Stuttgart

Ruß, K. (2017): Die dunkle Seite der Inklusion. Frankfurter Allgemeine Zeitung v. 5. Okt. 2017, 8

Scheich, G. (1997): Positives Denken macht krank. Vom Schwindel mit gefährlichen Erfolgsversprechen. Eichborn, Frankfurt/M.

Schütz, A., Hoge, L. (2007): Positives Denken: Vorteile – Risiken – Alternativen. Kohlhammer, Stuttgart

Schulte-Körne, G. (2016): Psychische Störungen bei Kindern und Jugendlichen im schulischen Umfeld. Deutsches Ärzteblatt Int. 113 (11), 183 – 90

Speck, O. (2018): Das inklusive Schulsystem – ein „Twin Track" (UN). Zeitschrift für Heilpädagogik (4) / 2018, 67 – 174

Speck, O. (2016): Was ist ein inklusives Schulsystem? Vierteljahresschrift für Heilpädagogik (VHN) (3), 185 – 195

Speck, O. (2015): Das schulpolitische Inklusionsdilemma in Deutschland. Die Verabschiedung des Inklusionsgesetzes im Deutschen Bundestag und deren Folgen. Heilpädagogische Forschung 41 (2), 62 – 69

Speck, O.(2014): Inklusive Missverständnisse. Das Gesetz zur Integration behinderter Schulkinder basiert auf Fehlern. Süddeutsche Zeitung 2014, Nr. 242, 12

Speck, O. (2013): Die wundersame Vermehrung von Schülern mit „geistiger Behinderung". Vierteljahresschrift für Heilpädagogik/Nachbargebiete (1), 1 – 10

Speck, O. (2012): Schulische Inklusion – Regel und Ausnahme. Sonderpädagogische Förderung heute 57 (2), 176 – 182

Speck, O. (2011): Wage es nach wie vor, dich deines eigenen Verstandes zu bedienen! Ideologische Implikationen einer Schule für alle. Zeitschrift für Heilpädagogik 62 (3), 84 – 91

Speck, O. (2011 a): Schulische Inklusion aus heilpädagogischer Sicht. Vortrag auf der ConSozial-Tagung 2011 in Nürnberg

Speck, O. (2005): Soll der Mensch biotechnisch machbar werden? Eugenik, Behinderung und Pädagogik. Ernst Reinhardt Verlag, München/Basel

Speck, O. (1990): Selbstauflösung der Sonderpädagogik als gesellschaftspolitische Konsequenz? In: S. Ellger-Rüttgardt (Hrsg.): Bildungs-und Sozialpolitik für Behinderte. Ernst Reinhardt Verlag, München/Basel, 38 – 48.

Speck, O. (2008): System Heilpädagogik. 6. überarb. Aufl. Ernst Reinhardt Verlag, München/Basel

Speck, O. (1977): Frühförderung entwicklungsgefährdeter Kinder. Ernst Reinhardt Verlag, München/Basel

Speck, O. (1973a): Innerschulische Nachhilfe und eigenständige Sonderschulen – gestern und heute. Pädagogische Konzeptionen in der Sonderschulpädagogik, ihre historische Begründung und neuzeitliche Entwicklung. Zeitschrift für Heilpädagogik (10), 846 – 857

Speck, O. (1973b): Uneigentliche Sonderschüler. Zeitschrift Unsere Jugend 25 (7), 308 – 311

Speck, O., Gottwald, P., Havers, N. et al. (Hrsg.) (1978): Schulische Integration lern- und verhaltensgestörter Kinder. Ernst Reinhardt Verlag, München/Basel

Statistische Veröffentlichungen der Kultusministerkonferenz (2018): Sonderpädagogische Förderung in Schulen 2007 bis 2016 Dokumentation Nr. 214

Statistische Veröffentlichungen der Kultusministerkonferenz (2016): Sonderpädagogische Förderung in Schulen 2005 bis 2014 Dokumentation Nr. 210

Statistische Veröffentlichung der Kultusministerkonferenz: Sonderpädagogische Förderung in Schulen 1994 bis 2003, 2005, Dokumentation Nr. 206

Stein, A. D. (2009): Integration wirklich für alle? Anspruch und Wirklichkeit in ausgewählten Ländern. In: Bürli, A., Strasser, U., Stein, A. D. (Hrsg.) (2009): Integration/Inklusion aus internationaler Sicht. 196 – 207. Klinkhardt, Bad Heilbrunn

Steingart, G. (2011): Das Ende der Normalität. Nachruf auf unser Leben, wie es bisher war. Piper, München/Zürich

taz – Die Tageszeitung (2018): Zu behindert fürs Gymnasium. Inklusion in Schulen. In: http://www.taz.de/!5044179/

Textor, A., Grüter, S., Schiermeyer-Reichl, I., Streese, B. (Hrsg.) (2017): Leistung inklusive? Inklusion in der Leistungsgesellschaft Band II: Unterricht, Leistungsbewertung und Schulentwicklung. Klinkhardt, Bad Heilbrunn

Theiner, J. (2018): Breites Echo auf Klage gegen Inklusion. Weser-Kurier vom 10. April 2018

UN-Behindertenrechtskonvention (2008): Gesetz zu dem Übereinkommen der Vereinten Nationen vom 13. Dezember 2006 über die Rechte von Menschen mit Behinderungen. Bundesgesetzblatt 2008, Nr. 35 vom 21. Dezember 2008

UNESCO (2005): Guidelines for Inclusion: Ensuring Access to Education for All. UNESCO, Paris

UNESCO (1994). Die Salamanca-Erklärung und der Aktionsrahmen zur Pädagogik für besondere Bedürfnisse. UNESCO, Paris

UNESCO (1990): World Declaration on Education for All and Framework for Action to Meet Basic Learning Needs. International Consultative Forum on Education for All. UNESCO, Paris

Voß, S., Marten, K., Diehl, K., Mahlau, K., Sikora, S., Blumenthal, Y., Hartke, B. (2016): Evaluationsergebnisse des Projekts „Rügener Inklusionsmodell (RIM) – Präventive und Integrative Schule auf Rügen (PISaR)" nach vier Schuljahren. Zeitschrift für Heilpädagogik 67 (3), 133 – 149

Welsch, W. (1996): Vernunft. Die Zeitgenössische Vernunftkritik und das Konzept der transversalen Vernunft. Suhrkamp, Frankfurt/Main

Werning, R. (2010): Inklusion: Chancen, Widersprüche, Perspektiven. Vortrag Hanns Seidel Stiftung München. In: www.hss.de/downloads/100516-18_RM_Werning.pdf. 14.10.2018

WHO (Weltgesundheitsorganisation) (Hrsg.) (2000): Internationale Klassifikation psychischer Störungen. ICD-10 Kapitel V (F). Klinisch-diagnostische Leitlinien. 4. Aufl. Huber, Bern/Göttingen

Wohlkinger, F. (2018): Schulklimabefragung 2018. Allgemeiner Ergebnisbericht. In: www.muenchen.de/schulklimabefragung, 17.04.2019

Sachregister

Das Standardwerk in 13. Auflage

Otto Speck
**Menschen mit
geistiger Behinderung**
Ein Lehrbuch zur
Erziehung und Bildung
13., aktualisierte Auflage 2018.
419 Seiten. 17 Abb. 4 Tab.
(978-3-497-02832-0) kt

Das Standardwerk der Geistigbehindertenpädagogik bezieht sich nicht nur auf unmittelbar Pädagogisches, sondern auch auf psychologische, medizinische, anthropologische und ethische Fragestellungen, die für die pädagogische Praxis relevant sind. Otto Speck stellt in der Neuauflage die Diskussion um die UN-Behindertenrechtskonvention dar und entwirft ein differenziertes Modell schulischer Inklusion.

Dieses heilpädagogische Lehrbuch, mit einer Gesamtauflage von über 35.000 Exemplaren, ist ein richtungsweisendes Grundlagenwerk für alle Berufsgruppen, die in den verschiedensten pädagogischen und sozialen Einrichtungen für Menschen mit geistiger Behinderung arbeiten.

reinhardt
www.reinhardt-verlag.de

Entspannung für besondere Menschen

Tina M. Ossege /
Doris Hammerschmidt
**Fantasiegeschichten für
Menschen mit geistiger
Beeinträchtigung**
Vorlesen und anhören –
gemeinsam entspannen
Mit Audio-Dateien auf CD
und zum Download.
2. Auflage 2019. 119 Seiten.
(978-3-497-02878-8) kt

Spannungen, Stress, Konflikte in der Familie oder in der Wohn-
gruppe – Menschen mit geistiger Beeinträchtigung geht es
wie allen anderen:
Das Leben ist manchmal ganz schön anstrengend.
Mit den Entspannungsgeschichten in einfacher Sprache zum
Vorlesen oder Anhören können alle Beteiligten „Dampf aus
dem Kessel" nehmen. Positive Kindheitserlebnisse, der Lauf
der Jahreszeiten oder Beschreibungen von schönen Plätzen
auf der Welt – die Geschichten aktivieren Selbstheilungs-
kräfte, fördern Resilienz und ermöglichen, eigene Ressourcen
zu entdecken und positiv zu nutzen. Das Buch bietet zu jeder
Geschichte Anregungen und Aktivierungsideen für die pädagogische Arbeit in Gruppen. Die Geschichten finden sich
auch auf der Audio-CD zum Anhören.

 **reinhardt**
www.reinhardt-verlag.de

Abenteuer in der Stadt

Paul Häb
**Die Stadt erleben –
50 erlebnispädagogische
Aktionen für Menschen mit
Beeinträchtigungen**
2019.
114 Seiten. 19 Abb. 1 Tab.
(978-3-497-02854-2) kt

Das erlebnispädagogische Konzept „City Bound" verwandelt die Stadt zu einem vielfältigen Erlebnisraum. Bei ganz unterschiedlichen Aktionen können auch Menschen mit Beeinträchtigungen neue Erfahrungen machen und über ihre bisherigen Grenzen hinauswachsen. Sie verlassen ihre gewohnte Umgebung, erkunden den urbanen Raum und kommen in Kontakt mit bisher fremden Menschen. So werden Persönlichkeitsentwicklung wie auch soziale und Alltagskompetenz gefördert.

Das Buch zeigt, wie erlebnispädagogische Aktivitäten für Menschen mit körperlichen und geistigen Beeinträchtigungen, mit Seh- oder Hörbehinderung oder auch mit auffälligem Verhalten geplant und durchgeführt werden können. Den Schwerpunkt bildet die Sammlung von 50 City-Bound-Aktionen.

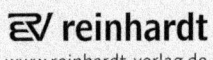

Ɛ⅁/ reinhardt
www.reinhardt-verlag.de

Förderschwerpunkt geistige Entwicklung

Staatsinst. für Schulqualität u.
Bildungsforschung, (ISB) (Hg.)
**Wenn Schüler mit
geistiger Behinderung
verhaltensauffällig sind**
Konzepte und Praxisimpulse
für Regel- und Förderschulen
Mit Filmbeispielen, Arbeitsblät-
tern u. Materialien auf DVD.
2., aktualisierte Auflage 2017.
288 Seiten. 25 Abb. 46 Tab.
(978-3-497-02678-4) kt

Wenn SchülerInnen mit geistiger Behinderung verhaltens-
auffällig sind bzw. psychische Störungen haben, stehen deren
Lehrkräfte an Regel- und Förderschulen vor einer doppelten
Herausforderung.

Dieses Buch beschreibt Lösungsansätze für typische Situationen im Schulalltag mit solchen SchülerInnen. Die Autoren stellen konkrete Methoden vor, liefern wichtige Impulse
für die Gestaltung von Schule und Unterricht und gehen auf
Unterstützungsmöglichkeiten im Umfeld der Schule ein.

Die 2. Auflage wurde aktualisiert und um neue Praxismateri-
alien ergänzt.

reinhardt
www.reinhardt-verlag.de

Ich gehöre dazu!